逻辑学

原来这么有趣

霁阳 ◎ 编著

中国商业出版社

图书在版编目（CIP）数据

逻辑学原来这么有趣 / 霁阳编著. —北京：中国商业出版社，2017.7

ISBN 978-7-5044-9969-1

Ⅰ.①逻… Ⅱ.①霁… Ⅲ.①逻辑学—通俗读物 Ⅳ.①B81-49

中国版本图书馆 CIP 数据核字（2017）第 176735 号

责任编辑：武文胜

中国商业出版社出版发行
010-63180647　www.c-cbook.com
（100053　北京广安门内报国寺 1 号）
新华书店经销
北京时捷印刷有限公司

★　★　★　★　★

710×1000 毫米　1/16　15 印张　194 千字
2018 年 1 月第 1 版　2018 年 1 月第 1 次印刷
定价：39.80 元

★　★　★　★　★
（如有印刷质量问题可更换）

前言
Preface

  谈及"逻辑学",相信很多人都觉得它枯燥无味。其实,这是一种片面认识,逻辑学不但不枯燥无味,反而会给我们带来无限的乐趣。为什么这样说呢?因为逻辑学早已渗透到我们生活的每一个细节中,例如我们内心的每一个想法、他人的每一个动作、外部事物的每一次变化,都与逻辑密切相连。离开逻辑,事物不会存在、生活不会存在,地球将处于沉寂状态。因此,逻辑是事物发展、时间运行、生命延续的重要组成部分。

  逻辑作为一门学科,实际上是人们通过概念、命题、推理、判断来理解和区别客观世界的思维过程。逻辑思维敏捷的人,一定是竞争中的强者、一定是生活中的优秀者、一定是行业中的引领者。这样的人,可能与普通人没有什么区别,一旦他们在处理事情或对外交往时,便显现出超乎常人的能力。这种能力就来源于逻辑学,是逻辑学赋予他们智慧与信心。

  相信每个人都会有这样的感觉,这个世界太复杂,人心太深、套路太多,各种博弈令我们应接不暇。的确是这样,懂得逻辑学,你就可以在纷繁复杂的世界中,理清头绪,做一个清晰明了的人。事物虽然千变万化，从本质上讲，存在着千丝万缕的联系。也就是说，事物与事物之间不是孤立存在的，通过推理、命题、演绎等方法，找出它们的联系方式，从而可以更好地为我们所用，帮助我们提高对社会的认知。

问题是，逻辑学是一门抽象的学科，看不到摸不着，不易与我们的思维产生共鸣。那么，怎么才能正确、科学地运用逻辑学呢？举例说明，两个人交谈时，谈着谈着，就出现话不投机的局面，这个时候双方都很尴尬，甚至引起不必要的误会。之所以会出现这种情况，是思维不对路，逻辑上出现了问题。这个时候，逻辑高手能在短时间理清思路，找出交谈不通畅的原因所在，然后再分析对方的心理状态，通过对方的言谈举止，了解对方想听什么或喜欢听什么，接着调整自己的说话方式，并通过潜移默化的办法，渐渐打破僵局，把对方引入到共同的话题上，只有这样，谈话才能够在愉快的气氛中进行下去。

如果说人生是一艘航船的话，我们在向目标航行过程中，逻辑就是处理航程中出现的各种故障，可以保证航船能够正常运行。而缺乏逻辑的话，这艘航船一旦出现故障，就会遭遇被海浪颠覆的危险。因此，逻辑学对于我们每一个人都至关重要，学好逻辑学，就等于给我们的人生加上保险，让人生变得更加精彩。

有理由相信，没有人不愿意成为逻辑高手的。想成为逻辑高手，其实并不难，您只要认真阅读本书，明日的辉煌就在眼前。本书从概念、命题、规律、演绎推理等七个方面进行编撰，涵盖了逻辑学所涉及的范围。为了改变读者对"逻辑学"的错误认识，我们尽量做到通俗易懂，让读者彻底认识到逻辑学原来这么有趣。基于此，本书以可读性、趣味性、实用性为基本基调，将相关的知识、概念巧妙地融入故事中。让读者能够在轻松、愉快的过程中，获得知识、汲取能量，提高自己的逻辑能力，继而提升自己的人生高度！

目录 Contents

001 第一章
概念：给事物贴上真正的标签

我教老师 / 002
你是一只漂亮的母猴变来的 / 005
"微须"就是"无须"吗 / 009
"进口"与"出口" / 012
"妈妈车"引起的纷争 / 013
郑板桥巧出对联 / 017
楚王丢弓 / 019
白马不是马吗 / 021
他们究竟要做什么 / 025
12岁，不能挂号 / 027
"令尊"是指对方的儿子吗 / 029
夏洛克输掉官司 / 032

035 第二章
命题：揭开真相的前奏曲

战役因猫而胜 / 036

真命题和假命题 / 038

瘸腿青蛙开诊所 / 040

命题与语句 / 041

赖账的律师 / 045

"勒镯揭被"与"揭被勒镯" / 047

骗子的假言命题 / 049

如果你有6座城堡，给不给我 / 053

只有有了充足的水分，种子才发芽 / 055

智用隐含命题 / 058

直言命题的利与弊 / 060

并非我毕加索的杰作 / 064

067 第三章
规律：时刻让自己的思维保持清晰状态

经理的大会报告 / 068

旅行者 / 069

保留 / 071

白字与"白"字 / 072

我是我父亲 / 074

跛子偷了锅 / 076

修门铃 / 079

高帽子 / 080

因为煤太多了 / 081

理发师该不该给自己刮胡子 / 083

鳄鱼悖论 / 085

你是否早就怀恨在心 / 086

三个画师的命运 / 090

鲍西娅的匣子 / 091

既不谎人,也不遭打 / 093

华盛顿找马 / 095

巴尔扎克的预见 / 096

言之有据 / 098

林清光平冤 / 100

103 第四章
演绎推理：逻辑高手必备的能力

我到哪里去了 / 104

风水先生之言不可信 / 106

怎样把话倒过来说 / 108

谁最后返回寝室 / 111

"通古斯陨石"之谜 / 112

内盗还是外盗 / 114

冯谖买"义"废债据 / 115

遗嘱在棺材里 / 118

教书先生怒斥贪官 / 119

孔融反唇相讥 / 121

王子与法官 / 122

究竟谁先骗了谁 / 125

巧媳妇智斗知府 / 127

"内行外效"坏风气 / 130

"以输换赢"连环扣 / 133

有功亦诛，无功亦诛 / 135

半费之讼 / 137

139 第五章
非演绎推理：抓住事物变化与发展的纲

进入 3 号房间之后 / 140

火鸡的归纳推理 / 142

根根划得着的火柴有何用 / 144

谁是凶手 / 146

清晨的露水兆晴天 / 148

背后批评 / 150

一张汇款单引来的"孝心" / 152

五支笔 / 154

爱心捐款 / 156

鲁班发明锯子 / 157

银行家与总统 / 160

"叩诊"方法 / 161

珍妮纺纱机 / 162

国企厂长的机械类比 / 163

165 第六章
论证：时刻不让自己陷入圈套

寺中石兽今何在 / 166

天文学家与薪金 / 168

爸爸和儿子哪一个更聪明 / 169

挑剔的女人 / 171

编辑的答复 / 173

海上与床上 / 174

倒立 / 176

最煎熬的时候 / 177

安假牙，付伪钞 / 179

对如何买煤的回答 / 180

瓦格纳嫡传弟子 / 182

望子成龙 / 183

蝙蝠为什么能在黑夜里自由飞翔 / 184

县令明公晟断案记 / 186

一场遗产纠纷中的辩论 / 189

于成龙批驳土豪 / 191

诈钱失财 / 192

"证明"出错了 / 195

199　第七章
判断：一眼识破真假与对错

他究竟姓什么 / 200

巧嘴媒婆促婚姻 / 201

大偷谈逻辑 / 205

妻子的假设 / 207

马克·吐温的声明 / 208

察言观色平冤案 / 211

你一定没好好学习 / 213

不诚实的老头 / 215

我现在知道什么是牛奶了 / 217

搓澡工的精准判断 / 218

说多了会出现失误 / 221

完全相反 / 223

甲与乙哪个不符合逻辑 / 225

第一章

概念：给事物贴上真正的标签

概念是反映事物及其特有属性的思维形式，属于思维科学的研究范畴。概念具有两个基本特征，即概念的内涵和外延。概念的内涵就是指这个概念的含义，即该概念所反映的事物对象所特有的属性。概念的外延就是指这个概念所反映的事物对象的范围，即具有概念所反映的属性的事物或对象。

我 教 老 师

小明第一天上学回家后，表现得比较兴奋，妈妈很高兴，说明小明不排斥上学，而小明更是一个劲儿给妈妈讲发生在同学们之间的新鲜事。后来，妈妈问："儿子，今天在课堂上老师都教了你什么？"

小明偏着脑袋看着妈妈，表现出很不在乎的样子，说："老师今天什么都没有教我，反而问我，'一加二等于几'。"说到这里，小明停顿一下，用骄傲的口吻继续说："老师真笨，这么简单的题都不会做，以后还怎么当我们的老师呀。"

妈妈一听，笑着问道："那你怎么回答她的呀？"

小明说："她不知道等于几，我只好教她，等于三呀。"

这则小故事中，儿子的回答很天真，他引人发笑的逻辑基础是不懂得"教"的概念。

那么，什么是概念呢？概念是反映事物本质和范围的思维形式。思维的基本形式有概念、判断、推理等，而概念是最基本的思维。作为一种思维形式，它是对一切事物的反映。逻辑学所指事物包括一切认识对象。从有形物体到无形思想，从自然现象到社会现象以至于精神现象，从各种具体事物到事物的各种性质（如颜色、动作、行为、状态、气味等）和关系（如"大于"、"在……上"、"在……之间"等），只要人们将它当作认识对象的，都是逻辑学所反映的事物范围。

"教"这个概念所反映的事物范围是指把知识或技能传授给人的

所有行为、过程或方式。比如，教师问那位小孩"一加二是几"，这种提问的方式就是一种传授知识的方式，因此，它属于"教"这个概念所反映的事物范围。那位小孩天真地以为老师的这种提问的教学方式不属于"教"的范围。这说明他对"教"这个概念所反映的事物范围也是不明确的。

任何概念都是从事物的本质和范围这两个方面来反映事物的。因此，明确一个概念，就要对这个概念所反映的事物本质和事物范围这两个方面加以明确。

1. 概念反映事物的本质

任何事物都有许多性质，同时任何事物都和其他事物发生一定的关系。事物的性质和事物之间的关系通称为事物的属性。事物与其属性是不可分离的。各种事物由于属性的相同或相异而形成各种不同的类。具有相同属性的事物组成同一个类，具有不同属性的事物组成不同的类。

儿子放学回来后，对爸爸说："爸爸，给我30块钱。"

父亲正坐在沙发上看报纸，头也不抬地问："要钱干什么？"

儿子说："我想买一本书。"

父亲问："买什么书，需要30块钱？"

儿子回答道："是《三角》。"

父亲："既然3角，干吗问我要30块钱？"

30块钱、3角钱……组成"钱"这一类事物。"钱"这一类事物具有相同的属性。《三角》、《几何》、《代数》……组成"书"这一类事物。但是，30块钱、3角钱和"《三角》"，则分别属于"钱"和"书"这两类不同的事物。不同类的事物，其属性是不同的，二者不能混淆。儿子要买的《三角》是书，而其父却将"书"与"钱"混为一谈。由此发出"既然3角，干吗问我要30块钱？"这个可笑的疑问。其闹笑话的逻辑根源就在于不懂得这个事物因属性的相同或相异而形成不同种类的道理。

2. 概念反映事物的范围

逻辑学所研究的概念是类概念。这种类概念把个别事物当作由一个分子组成的类，把一般事物当作由若干分子组成的类。由分子组成类，由小类组成大类。大类相对于小类是母类，小类相对于大类是子类。母类和子类又分别叫作"属"和"种"。我们所说概念反映的事物范围，就是指，概念所反映的一类事物是由哪些分子或子类组成的。

有位刚念完一年级的某大学哲学系学生暑假回家，母亲杀鸡犒劳儿子，吃饭时，父亲问儿子："你在大学里学的是什么？"

儿子吃完一块鸡肉，说："哲学。"

父亲不明白哲学是什么学科，便问道："学这个有什么用？"

儿子放下筷子，煞有介事地说："自从我学了哲学以后，看待问题就和别人大不一样了。"

父亲用怀疑的眼光看着儿子，问："有什么不一样？"

儿子说："比如咱们现在吃的这只鸡，在普通人眼中，它就是一只鸡，一只具体的鸡。但是，在懂得哲学的人看来，这不是一只鸡，而是两只鸡。"

父亲听到这话，有些惊讶，明明今天炖的是一只鸡呀，怎么会是两只鸡呢？想到这里，忙说："你妈妈今天炖的就是一只鸡，不可能是两只。"

儿子笑笑说："爸爸，我知道妈妈炖的是一只鸡，我指的两只鸡，是哲学上的两只鸡，一只是具体的鸡，另一只是抽象的鸡。"

这时，一直在一旁默默吃饭的妹妹，再也忍不住了，笑着说："哥哥，我和爸妈吃具体的鸡，你吃抽象的鸡。"

事实上，抽象的鸡是鸡的概念，概念怎么存在有几只的问题呢？只有具体的鸡才可用只来计数。因此，"一只抽象的鸡"只能是个空概念，即不反映任何具体客观事物的概念，具体说来，它不反映任何一只客观现实中所存在的鸡。

显然，这位大学生头脑中形成的"一只抽象的鸡"这一概念所反映的事物是个"空类"，其分子为零。因为在现实中，根本不可能存在一只抽象的鸡。看来，这位大学生的哲学远没学好，他没有弄懂具体和抽象、个别和一般之间的辩证关系，以至于对"一只抽象的鸡"这一概念所反映的事物范围不明确。结果，遭到了妹妹的嘲笑。

你是一只漂亮的母猴变来的

为了研究物种的起源和进化，达尔文花了20多年的时间，到世界各地探索考察，终于在1859年出版了著作《物种起源》。从此，进化论的思想开始传播。该著作中，达尔文抛弃教会"上帝创造人类"的说法。用切实的证据提出了"人是从猿猴进化而来的"观点。该观点震动了学术界和宗教界，引起了教会的猛烈攻击，他们认为达尔文不可理喻，是亵渎神灵、离经叛道的极端分子。

达尔文为了宣传真理，经常与反对者辩论，到各地演讲。有一次在演讲的过程中，一位漂亮的女士写了一张纸条，递给达尔文。

达尔文展开一看，上面写道："按照你的观点，人是由猴子演变而来的。请问达尔文先生，你是哪只猴子演变而来的呢？"

这明显是一个带有羞辱性的挑衅行为，但达尔文没有回避，而是当场把这句话大声读出来。他的话音刚落，台下响起一片笑声。待到笑声停息，达尔文又大声对那位递纸条的漂亮女士说："我不知道自己是哪只猴子变来的，但我知道你是一只漂亮的母猴变来的。"

他幽默的回答，自然引起一阵笑声。

一问一答中，涉及一个概念分类的问题。女士的提问，过于笼统，没有对概念进行分类，她应该这样问"你是哪只公猴变来的"才是正确的，达尔文回答"你是一只漂亮的母猴变来的"，是对概念进行了分类，让概念更加明确。

日常生活中，如果不对概念进行分类，会带来诸多不便，甚至会引起不必要的误会。逻辑学根据不同的标准，对概念进行分类，主要表现在如下四个方面：

1. 单独概念和普通概念

胖子和瘦子穿过树林时，同时发现地上有一把斧头。胖子高兴地说："瞧，我发现了一把多好的斧头！"瘦子说："不要说'我发现了斧头'，应当说'我们发现了斧头'。""不！是我发现斧头的，它应该属于我。"胖子大声叫道。他们边走边争吵，这时，忽然听到斧头的主人追过来，并且怒气冲冲地向他们喊叫着。胖子着急地说："我们现在走不脱了。"瘦子马上反驳道："不要说'我们'，你应该说'我走不掉了'，对吗？"

这里所讲的"我"是一个单独概念，而"我们"则是一个普遍概念。当胖子发现斧头后，他只愿意承认这是他自己发现的，而并不愿意承认这是由"我们"这个有两个分子所组成的类一起发现的。当斧头的主人追来时，胖子说的却又是"我们"这个普遍概念，而瘦子这时正好借胖子前面的话反驳胖子，不是"我们"，而是"我"，因为斧头并不是"我们"发现的。

单独概念是外延的数量为一的概念。例如"北京"是个地名，它作为中华人民共和国的首都，在世界上只有一个，它是单独概念；"蔡元培"是个人名，他是清末民初的教育家，也只有一个，它也是单独概念；"七七事变"是一个事件，它的发生标志着中国抗日战争的全面爆发，它也是单独概念；"世界上最高的山峰"这个语词虽然较长，但它所指的山峰也是独一无二的，所以它也是单独概念。

普遍概念是外延大于或者等于二的概念，它所反映的对象至少有两个个体。例如"人"这个概念,世界上有 70 多亿个个体,那么"人"就是普遍概念。其他如"电冰箱"、"水瓶"、"凳子"、"行星"等概念,也都是普遍概念。

一般来说,专有名词都是数量为一的概念,因而专有名词所表达的概念都是单独概念;普遍名词所表达的概念至少有两个个体,因而普遍名词所反映的概念都是普遍概念。另外动词和形容词是对人或事物的动作行为或者性质状态的概括,一般也把它们所表达的概念当作普遍概念。

2. 空概念

外延为零的概念叫作空概念,或者虚概念。空概念所反映的是在客观现实中不存在的事物,例如"阎罗王"、"地狱"这些概念,在无神论者看来都是空概念。小说中的人物也都是空概念,例如"孙悟空"、"猪八戒"、"林黛玉"这些人物形象,都只存在于虚幻的小说之中,在客观现实中是没有的。即使那些真实的人物,进入小说之后也变成了空概念。例如《西游记》中的"唐僧"这个概念,它的原型是客观世界中真实存在过的唐代高僧玄奘法师,但《西游记》中的唐僧有三个神通广大的徒弟,这一特征就是客观世界中的玄奘法师所没有的,于是在《西游记》中的"唐僧"就是一个空概念了。

3. 集合概念和非集合概念

例如"人"和"人类"这两个概念虽然都是由一个个的人构成的,但"人"是非集合概念,"人类"却是集合概念。这是因为单个的"人"具有"人"的特征,比如有两条腿、会走路、能说话这些特征,是"人"这个概念所具有的,也是个体的人所具有的;但是单个的"人"不具有"人类"的特征,比如"人类"有几百万年的历史、居住于世界各地,这些特征就不是单个人所具有的。所以集合概念和非集合概念的区别,就在于个体是否具有整体的特征:如果个体具有整体的特征,这个整体的概念就是非集合概念;如果个体不具有整体的特征，这个整体的概念就是集合概念。

如何区别一个概念是否集合概念呢？有一个很简单的办法，那就是在这个概念中找一个个体，用这个个体概念加上"是"再加上该概念构成一个句子，如果这个句子成立，那么这个概念就是非集合概念；如果不成立，这个概念就是集合概念。

4. 正概念和负概念

例如"工作人员"和"非工作人员"这两个概念，前者具有"工作人员"的属性，它是正概念。后者则不具有"工作人员"的属性，它是负概念。

负概念都有一个跟它相对应的正概念，而且每个表示负概念的话语中都有一个表示否定的"非"、"不"、"无"等，例如"非正义战争"、"不勇敢"、"无情"等，它们对应的正概念分别是"正义战争"、"勇敢"、"有情"。

需要特别指出的是，负概念都有一个论域。一旦超出了它的论域，这个负概念就不管用了。请看下面的例子：

小王上班，忘了戴上安全帽。工长朝他走过来，说："不戴安全帽？照章罚款10元！"

"罚款？且慢。"小王抓了抓脑袋，灵机一动，狡辩道："工长，你看那边门上不是明明写着'非工作人员不得入内'9个大字吗？安全帽当然不是工作人员，我也是照章没戴它入内的呀！"

安全帽当然是"非工作人员"，但小王还是要戴安全帽进入工地，这是因为"安全帽"这个概念已经超出了"非工作人员"的论域，因而不能用上述的规定来约束它。

那么负概念的论域是什么呢？负概念的论域是这个负概念以及跟它相对应的正概念的外延之和。在上例中，"非工作人员"的论域就是它和"工作人员"这两个概念的外延的总和，它们的外延之和是"人"，这就是"非工作人员"的论域。而"安全帽"当然不在"人"的范围之内。

"微须"就是"无须"吗

概念是反映事物及其特有属性的思维形式,属于思维科学的研究范畴;而语词是一些声音或者笔画的组合,是语言学的研究范畴。二者之间是有联系的,因为概念要用语词来表达,而语词的主要功能就是用来表达概念。

清朝学者钱泳在《履园丛话》中记载了一件有趣的事:

清朝某年间,江苏学使胡希吕奉旨担任本省乡试的主考官。点名入场时,他仔细地查对面貌册,凡是注明"微须"的,他全部视为"无须",把那些嘴上有些胡须而面貌册上注明"微须"的人都当作冒名顶替者,不许入场。吓得那些"微须者"赶紧去理发店刮胡子。

有一位大胆的秀才不服气,偏偏不理胡子,也要进考场参加考试。胡希吕喝令手下人将他赶走,他却赖着不走,并且反问道:"请问大人,为什么要赶我?"

"你冒名顶替。"胡希吕怒容满面地说。

"为什么我是冒名顶替?"秀才不解地问。

"面貌册上写的是'微须',你却有须!"胡希吕声色俱厉。

"大人息怒,'微须'此是'有少须'嘛。"秀才据理力争。

"笨蛋,你的书读到牛肚子里去了?朱注:'微者,无也',你竟连这也忘了?"主考大人气得连颔下那撮山羊胡子也抖了起来。

"学生不敢。不过照大人这样讲,那么孔夫子'微服过宋'就是'无服过宋'了,孔圣人脱得赤条条的,一丝不挂,招摇过市,这又成何体统?"秀才引经据典反驳,毫不退缩。

言犹未了，庄严的大堂上下响起了笑声。主考的脸上红一阵、青一阵，一句话也说不出来。

在上面的故事中，"微"可以表示不同的概念，既可以表示"无"的含义，又可以表示"有一些"的含义，还可以表达"寻常"的含义。胡希吕只掌握了宋朝朱熹注"微者，无也"这一种含义，便武断地把"无"当作"微"的唯一含义，以至于把"微须"理解为"无须"，进而把有些胡须的"微须者"拒之考场门外。但实际上此处的"微"是"有些"的意思，"微须"就是"有少须"的意思。那位秀才在无法说服胡希吕的情况下，运用归谬法反驳他认为"微"仅仅是"无"的错误见解：如果"微"只有"无"这一种含义，那么孔夫子"微"服过宋就是无服过宋了；而这是违背儒家的伦理道德的，是不可能的，因此，"微"还有其他的含义。孔夫子"微服过宋"中的"微"是"寻常"的意思，即孔夫子穿着很寻常的衣服从宋国经过。胡希吕才疏学浅而又刚愎自用，最后闹出了"孔夫子脱得赤条条地经过宋国"的笑话。

胡希吕之所以被那个秀才反驳得瞠目结舌，是因为他没有把握"一词多义"的现象，从普通逻辑的角度来讲，就是不懂得同一语词在不同的语境中可以表达不同的概念，没有正确地把握语词和概念的关系。

那么，概念和语词的关系怎么样呢？简单地说，概念是语词的思想内容，语词是概念的物质承担者、表现形式。任何概念都必须借助语词来表达，脱离语词的赤裸裸的概念是不存在的。例如，对于"以治病为职业的人"这一特征的概念，汉语用"医生"、"大夫"、"郎中"等语词去表达，英语用"doctor"这一语词去表达。可见，语词和概念是不可分割地联系在一起的。当然，二者之间也存在区别，这些区别主要有：

1. 概念是一种思维形式，而语词是一种语言形式

概念是对对象的反映，是一种思维形式；而语词并不是对象的反映形式，它只是人们用来表达概念，标志对象的一组笔画或一组声音而已，是一种语言形式。

2. 所有的概念都要借助语词来表达，但并非所有的语词都表达概念

一般说来，实词是表达概念的，如"人"、"国家"、"打"等实词都表达概念，不能单独充当语法成分的虚词，如助词"的"、"地"、"得"等，叹词"呀"、"吗"等，一般不表达概念。但是，一些关联词如"如果……那么……"、"只有……才能……"等表达概念。

3. 同一个概念可以用不同的语词表达

例如"羽状复叶、花白色或蓝紫色，结浆果的多年生草本植物的块茎"这一特征的概念，可以用"土豆"、"洋芋"、"马铃薯"等语词表达。人们在说话、写文章时，如表示同一概念的同一语词多次使用，会令人感到呆板、乏味，若交替使用一些含义相同的不同语词，文章就会呈现出多样性、趣味性，增强感染力。

4. 同一个语词可以表达不同的概念

下面三句话中，"大人"这一语词就表达不同的概念："你家大人去哪里了？""大人，奴才该死！""我已经是大人了，用不着别人事事操心。"在这三个例句中，"大人"这个词语分别表示"长辈"、"奴仆对主人的称呼"、"成年人"的含义。这种现象在语法上称为"一词多义"，逻辑学上称为"同一语词表达不同的概念"。

"进口"与"出口"

农贸市场里,一个人在卖苹果。半天过去了,摊位上的苹果很少有人问津。怎么把苹果卖出去呢?卖苹果的商贩左思右想……突然,他灵机一动,高声叫道:"谁买苹果,真正的进口货!"来采购果蔬的人一听是"进口货",便纷纷围拢过来,你一斤我两斤地买了起来,其中有一位一下子买了10斤,不等离开,就迫不及待地拿起一个吃了起来。他刚咬了两口,便问卖苹果的人说:"你这苹果恐怕不是进口的吧?"卖苹果的说:"你不是已经开始进口了吗,怎么不是进口的呢?"

买主一时愕然。

"进口货"一般来说,指的是"从国外进来的东西"。不少人推崇外国的东西,无论买什么,总觉得进口的比国产的好。那个卖苹果的正是抓住了人们的这种心理,故意把"入嘴的东西"称作"进口货"。这也可以说,是他根据自己的目的,对表达概念的语词所做的一种选择。不过,这种选择是违反逻辑的,因为他歪曲了"进口"本来所表达的概念,引起了别人的曲解。这种错误,实际上是偷换概念的一种表现形式。所谓偷换概念,顾名思义,也就是为了某种目的,不加说明地用一个概念代替了另一个概念。

甲:你知道这几年什么东西出口量大大增加吗?

乙:脏话。

前一则幽默,是把"进口"曲解为"进入嘴中";这则幽默中,乙则是把"出口"曲解为"从嘴中出来"。虽然同是曲解,但目的和结果却大不相同。前者是骗人,西洋镜一经拆穿,伎俩也就随之宣告失败；后者是讽刺，它使人们在理解这种幽默之后，又陷入了深思。

以上两则幽默涉及的逻辑问题，都是与概念与语词关系问题相关的。把"进口"和"出口"做另外的解释，是想用同一语词表达不同的概念；而把"进入嘴中"用"进口"表达，把"从嘴中出来"用"出口"表达，则是想用不同的语词来表达同一个概念。所不幸的是，人们对"进口"和"出口"已经形成了两个比较公认的概念，所以，以上两位的用法都只能用曲解词义、偷换概念来解释了。

"妈妈车"引起的纷争

从普通逻辑的角度看，概念明确就是指概念的内涵和外延明确。只有准确地揭示一个概念的内涵和外延，才能说这个概念是明确的。那么，什么是概念的内涵和外延呢？

概念的内涵是指概念所反映的事物的特有属性，概念的外延是指具有这些特有属性的事物。例如对于"人"这个概念，它的内涵是指人的特有属性，例如"能够制造并使用生产工具的动物"这个特点就是人特有的属性，那么"能够制造并使用生产工具"就是"人"这个概念的内涵；而所有具有"能够制造并使用生产工具的动物"这一特点的事物的总和就是"人"这个概念的外延。

每个概念都有内涵和外延，我们在使用概念时，一定要明确它的内涵和外延，否则很容易闹出笑话。例如"家父"这个概念，其内涵是一个人在别人面前对自己父亲的谦称，其外延是自己的父亲。例如曹植在《宝刀赋》中，就这样说："建安中，家父魏王，乃命有司造宝刀五枚，三年乃就。"此处的"家父魏王"就是曹植对自己的父亲曹操的称呼，这个概念的外延就是他的父亲曹操。

某厂地处某大城市的郊区，职工上下班靠厂车接送。

由于车少人多，车内十分拥挤，秩序混乱。职工对此很不满意，特别是怀孕的女职工对此意见更大。厂领导反复考虑，决定增开一辆"妈妈车"，专门送接年轻的妈妈，并规定"妈妈车"在下班时比别的车先开。按理说，这是一件大好事，岂料"妈妈车"开出的第一天，就引起了纷争。

那一天刚下班，许多年轻的妈妈都涌到"妈妈车"上来了。除了怀孕的女职工外，还有一些年轻的妈妈。司乘人员不让另一些年轻的妈妈上车。她们坚持要上车，她们说："我的孩子虽然没有抱到厂里来，但还没有断奶，正在家里等我早一些回去喂奶呢！""我的孩子放在托儿所，我要早些回去领孩子。"司乘人员看到车上人太多，要求这些没怀孕和没带孩子的妈妈乘别的车子，她们却说："这是妈妈车，我们做妈妈的为什么不能乘？"结果，"妈妈车"照样拥挤，解决不了问题。

问题出在哪里呢？从逻辑上说，问题就出在"妈妈车"这个概念不明确，谁也没有规定"妈妈车"的确切含义。主管这项工作的工会女工委员说，"妈妈车"只给年轻的妈妈乘坐。但"年轻的妈妈"也是一个含糊的概念，究竟什么样的女同志才算这里所说的"年轻的妈妈"也不清楚，经历了几次拥挤的场面后，才明确规定"妈妈车"专门送接怀孕的女同志，这才解决了问题。刚开始，由于"年轻的妈妈"这一概念的含义不明确，导致"妈妈车"这一概念的含义不明确，使得不该上车的妇女也上了车。后来，由于明确了"年轻的妈妈"的含义，也就确定了"妈妈车"的含义，从而也就规定了哪些妇女可以乘坐，哪些妇女不可以乘坐，使问题很快得到了解决。

"妈妈车"引起的纷争就是由于"年轻的妈妈"这一概念的内涵和外延不明确。刚开始，厂领导没有确定"年轻的妈妈"的内涵，它的外延也不是确定的：除了"怀孕的妇女"外，还包括"没有把婴幼儿带到厂里来的年轻妇女"。当"怀孕的妇女"乘坐"妈妈车"上下班时,年轻的妈妈当然有理由乘坐。但厂领导决定开"妈妈车"的目的是为了解决"怀孕的妇女"乘车困难,"妈妈车"的座位只够孕妇乘坐。因此,当年轻的妇女也挤上该车时,车内就变得十分拥挤,导致纷争。几天的纷争使管理人员发现了问题所在,于是把"年轻的妈妈"的内涵确定为"怀孕的妇女"。这样,"年轻的妈妈"的外延就只包括一个个的"怀孕的妇女",而不包括"没有把婴幼儿抱到厂里来的年轻妇女"。换言之,"妈妈车"只能给"怀孕的妇女"乘坐,而不能给有孩子的年轻妇女乘坐。这样一来,年轻的妇女就没有理由乘坐"妈妈车"了,"妈妈车"拥挤的问题也就迎刃而解了。这表明:明确概念的内涵和外延对于准确地把握概念是十分重要的。

《列子》中记载有这样一个故事:

齐国的国氏非常富有,宋国的向氏非常贫穷。向氏很羡慕国氏,于是便从宋国到齐国去找国氏,向他请教致富的方法。国氏告诉他说:"我之所以这么富有,是因为我擅长偷盗。我自从开始进行偷盗,第一年得到的东西能够自给,第二年就有了盈余,到了第三年便非常富足了。到后来东西多得用不尽,我就用来接济街坊邻里。"

向氏听了非常高兴,但是并没有理解国氏所说的"偷盗"是什么意思,回到宋国之后,便真的做起偷窃的事来。他常常乘人不备越墙凿屋,破门入户,闯进别人家中,看见略微值钱的东西,统统席卷而去。时间没多久,他就因赃物被查获而被判了罪,连家中原先积攒下来的钱财也都被官府没收了。

向氏认为国氏欺骗了自己,便又到齐国找上门去责怪国氏。国氏问:"你是怎么进行偷盗的?"向氏讲述了自己偷盗的情形,国氏不禁惊愕地说:"嘻!你竟然这么不懂得'偷盗'的道理啊!现在就让我来详细告诉你吧。你难道不知道天有四时,地有物产?我'偷盗'的,就是天时地利。春雨滋润,夏雨滂沱。我在春季适时播种,夏季辛勤耕耘，到了秋天庄稼自然收获。山上林木丰茂，石料取之不尽，我就用来砌墙筑屋。此外，山林中还可以捕猎禽兽，河湖内还可以捉到鱼鳖。这些庄稼、土木、禽兽、鱼鳖，都是天然生成的，并非我自己所有。我全都取来应用，岂不是'偷盗'吗？不过，我偷盗这些天赐之物，并不会因而遭殃。至于别人家里的金玉珍宝、粟帛财货，都是人家自己靠辛勤劳动积攒下来的，并不是自然天生的。你去偷窃这些东西而被判罪，是理所当然的。又能怨谁呢？"

向氏听了更加迷惑不解，以为国氏又一次在欺骗他，便去找东郭先生请教。东郭先生对他说："天地万物本来不属于任何人，取用了它，就是偷盗。从这一点看来，就连人的身体也没有一处不是偷盗来的：是阴阳二气交合促成人的诞生，构成了人的形体。何况那些身外之物呢？诚然，天地万物，本身并无区别。但是，国氏那种偷盗，是符合公共道德规范的，所以不会得罪；你的偷盗行为，完全出于私心，当然就要遭殃。符合公共道德规范的偷盗是窃取，出于私心的偷盗也是窃取，但二者毕竟是有区别的。支持公道，抑制私欲，是世间的公理。究竟什么是偷盗，什么不是真正的偷盗，难道你还闹不清楚吗！"向氏听了，不禁惭愧得面红耳赤，汗流浃背。

"偷盗"一词，在国氏那里，"偷的是天时地利"，也就是通过耕地和养殖来致富；但是这个"偷盗"的含义却不是"偷盗"的常义，只是一个临时义，是不见于任何字典、词典的（虽然当时也可能没有字典词典）；但向氏没有问清楚，只是按照"偷盗"的常义来理解并实施了，最后落了个一贫如洗的下场。

可想而知，如果不明白一个概念的内涵和外延，很容易出现误会或闹出笑话。所以，一定要明确概念的内涵与外延

概念的内涵和外延是相互依存、相互制约的。内涵是概念的质，它说明概念所反映的对象是什么样的；外延是概念的量，它说明概念所反映的是哪些对象。确定某一概念的内涵，也就相应地确定了这个

概念的外延。如果对概念内涵的理解有所不同，相应地对其外延的认识也就有所不同。例如，如果把"商品"理解为"通过货币交换的劳动产品"，就不会把"以物易物的劳动产品"当成"商品"；如果把"商品"理解为"用人民币交换的劳动产品"，"商品"的范围即外延就更窄了。反之，外延确定以后，内涵也会相应地确定下来。如已知用任何货币交换的劳动产品都是"商品"这一概念的外延，那就不能把"用人民币交换的劳动产品"当作"商品"这一概念的内涵。

概念的内涵和外延是确定性与灵活性的统一。概念的内涵和外延的确定性是指在一定条件下，概念的含义和适用对象是确定的，不能任意改变或加以混淆。概念的内涵和外延的灵活性是指在不同的条件下，随着客观对象的发展变化和人们认识的深化，概念的含义和适用对象是可以变化的。

郑板桥巧出对联

一天，郑板桥到金山寺游玩，看到方丈的卧室里挂了很多字画，便信步走了进去欣赏起来。金山寺的方丈是位老和尚，不认识郑板桥，当他看到一位貌不惊人、穿戴平常的人，以为是一位普通的游客，就没有理会郑板桥。

后来，老方丈发现这位游客看字画时很认真，像个行家，便招呼郑板桥："坐。"郑板桥正被字画所吸引，就随便应了一声，目光依然盯着字画。接着，老和尚又漫不经心地吩咐身边的小和尚："茶。"小和尚应了一声，准备倒茶。

"请问先生来自何方？"老和尚问。郑板桥回答道："扬州兴化。"老和尚一听，口气比先前客气了许多，说："贫僧也是扬州兴化人，我们是同乡，幸会幸会，快请坐快请坐！"说着，老和尚站起身，走到郑板桥身边，做邀请状。郑板桥也不客气，顺着老和尚的指向刚坐了下来，小和尚就把凉茶端了上来。老和尚对小和尚手一挥，说："泡茶。"小和尚退了出去，端上一杯热茶。

老和尚与郑板桥随便谈了一会儿后，问："先生来自兴化，可曾认识郑板桥？他的字画可是名扬四海呀。"郑板桥微微一笑，说："他的字画我见过，没有什么独到之处，不值得夸赞。"老和尚一听，通过面部表情，明显能看出有些不高兴，说："先生不能这样说。"接着，指着一幅墨竹，说："这就是他的画，整幅画构图疏密有致，画得惟妙惟肖，可谓巧夺天工呀，是本寺一宝。"

郑板桥依然微微一笑，说："这幅墨竹是我亲眼看着他画的。"老和尚听后，有点摸不着头脑，问："那么，先生您是……"

"敝人就是郑板桥。"老和尚一听，马上兴奋起来，说："久仰久仰，没想到今天您光临本寺，实在是本寺的一件幸事。"说完，指着大红的椅子，"请上坐。"又向站在门外的小和尚大声喊道："赶快泡好茶。"

郑板桥坐在上首的椅子上，喝着刚泡的好茶，与老和尚一起谈论字画。喝完茶，郑板桥站起身子，准备向老和尚辞别。老和尚用恳切的口吻说："贫僧想求您为本寺留点宝墨，还请先生赏脸。"

郑板桥犹豫了一下，大脑中浮现出老和尚前傲后恭的态度变化，欣然提起笔，写了一副对联：坐，请坐，请上坐；茶，泡茶，泡好茶！老和尚看了对联，窘得满脸通红。

郑板桥的对联生动地讽刺了这位以貌取人的老和尚。从逻辑的角度看，郑板桥的对联巧妙地运用了概念限制的方法。概念的限制是指通过增加概念的内涵以缩小概念的外延，由属概念过渡到种概念以明确概念的一种逻辑方法。即从一个外延大的概念过渡到一个外延小的概念的过程。其主要方法是在概念的前面加上一定的限制词。"坐—

请坐—请上坐"和"茶—泡茶—泡好茶",就是通过加上一定限制词来逐步缩小概念外延的。

概念的限制是通过增加概念的内涵,进而缩小其外延的逻辑方法。例如,对"学生"增加"品德好"、"学习好"、"身体好"这些内涵,就限制成"三好学生"。对"工人"增加"在石油岗位工作"的内涵,就限制为"石油工人"。

概念的限制适用于把一般性概念具体化,但是,限制也有限度,单独概念是限制的极限。例如,由"战争"可以限制到一个具体的单个战争"抗美援朝战争",往下,就不能再对"抗美援朝战争"进行限制了。因为单独概念是外延最小的概念,不可能找到比它更小的种概念。

概念限制的语言表达形式,一般是在表达被限制概念的语词前面增加限制性语词。例如,在"文明"前面加上"政治",就过渡到"政治文明";在"战士"前面加上"勇敢",就过渡到"勇敢的战士"。但是,并非任何增加限制性语词的情况都是对概念的限制。例如,把"杭州西湖"前面加上"美丽",过渡到"美丽的杭州西湖";把"天安门"前面加上"雄伟壮观",过渡到"雄伟壮观的天安门"等。这些都不是限制,因为,它们没有达到缩小概念外延的目的,增加的内涵是相应对象本身就已经具有的。

概念的限制是思维中经常运用的逻辑方法,它有助于人们准确表达思想,实现认识由一般到个别(或特殊)的过渡。

楚王丢弓

有一天,楚王去野外打猎。他骑着高大健壮的骏马,背着心爱的弓箭，策马扬鞭奔跑在田野中、丛林里、山冈上，一路上他射中了很多猎物。

天黑后，楚王兴致勃勃，回到宿营地，检查随身携带物时，意外发现自己心爱的弓不见了。楚王心里十分难受，心里不停地念着："那可是一张举世无双的良弓呀！"

贴身侍卫得知楚王丢掉心爱之物，便说："大王，您不要难受，我马上召集人马，把您的弓找回来。"

"天这么黑。地方那么大，到哪里去找呀？能找得到吗？"

侍卫拍着胸膛说："就把我们白天经过的地方翻个遍，也要找回大王的弓。"

侍卫的话让楚王有些心动，他在帐中反复徘徊，心中暗想，到底是找还是不找呢？经过一番思想斗争后，楚王拿定主意，说："算了算了，丢就丢了吧，不要找了。"

"您说什么？"在场的人不敢相信自己的耳朵。

楚王坐下来，缓慢地说："我把弓丢在楚国的土地上，捡到者是我们楚国人，这张良弓还是我们楚国的。"

"大王英明！大王英明！"侍卫们欢呼不已。楚王丢弓不找弓的事儿，一传十、十传百，后来传到孔子的耳朵里，孔子对此发出感慨，说："就表面而言，楚王显得很仁义，其实他还没有做到家，他应该这样说：'我们楚国人丢了弓，别人捡到了就捡到吧，何必在意是不是楚国人捡到呢？'"

从"楚王丢弓"到"楚国人丢弓"，再到"人丢弓"，这就是概念的概括。概念的概括，是指通过减少概念的内涵以扩大概念的外延，由种概念过渡到属概念以明确概念的一种逻辑方法。例如，将"失足青年"减去"失足"这一内涵，就过渡为"青年"。

概括是扩大概念的外延，即内种概念过渡到属概念的逻辑方法。

根据需要，概念的概括可以一次完成，也可以连续进行。例如，由"中国人"过渡到"人",由"高等数学"过渡到"数学",由"植物"过渡到"生物",这些都属于一次概括。再如,毛泽东在《反对自由主义》一文中,先分别列举了自由主义的 11 种具体表现(如保持一团和气,不负责任的背后批评,事不关己、高高挂起,命令不服从、个人意见第一,见损害群众利益的行为听之任之,办事不认真,摆老资格等),再总括指出:"所有这些,都是自由主义的表现。"并且进一步指出:"自由主义是机会主义的一种表现。"这就属于连续运用概括方法。其结果,有助于人们深刻地认识自由主义的本质。

对一个外延较小的概念可以进行连续概括,但到底要概括到什么程度,则要看实际的需要。此外,概括也是有限度的,概括的极限是哲学范畴。例如,物质、意识、运动、静止、原因、结果等,这些都是外延最大、适用范围最广的概念,再也不可能找到它们的属概念,当然也就不可能再进行概括。

概念概括的语言表达形式,一般是将表达一定概念的语词中的限制词去掉。例如,从"司法干部"过渡为"干部",从"无国籍的人"过渡为"人"。但是,也有不是以减去限制词的方式对概念进行概括的。例如,将"学生"概括为"人",将"洗衣机"概括为"家用电器"等。

概念的概括也是思维中常用的逻辑方法,它有助于人们对具体问题的认识从个别(或特殊)上升为一般,进而使认识得以扩展和深化。

白马不是马吗

普通逻辑不研究概念在具体内容上的关系,而是把概念作为思维形式，从外延方面来研究概念之间的关系。概念的外延之间的关系分为相容关系和不相容关系。

战国时期，各个诸侯国争雄图霸，不断打仗。作战中，骑兵冲锋陷阵，攻势凌厉，越来越显示出强大的战斗力。所以，各国都重视骑兵的发展，马也就被特别看重了。许多国君下令，不许马匹随便出关。

这天，公孙龙骑着一匹白马，大模大样向城关走去。到了关前，他也不下马，继续往前走。守关的小官一面命士兵挡住，一面大声喝问："你不知道禁马出关吗？为什么故意闯行？"公孙龙勒住马头，微微一笑，回答说："你是说禁马出关吗？请你细看，我骑的是白马，白马非马，你禁不得我。"把关的听了，张口结舌，不知怎么回答。公孙龙乘机穿过城关，扬长而去。这以后，公孙龙"白马非马"的说法就传开了。直到今天，人们讲起中国古代的哲学，就会提到"白马非马"的说法。

公孙龙骑马过关，不一定真有其事，但是，他确实说过"白马非马"的话，而且写过好几篇文章，像《白马论》啦，《坚白论》啦，来证明这话说得对。

要说白马不是马，很少有人赞成，可要说白马和一般的马有区别，还真有些道理。

人类对各种事物的认识，各个概念的确定，经历了千百年漫长的过程。我们现在知道的"人"啊，"马"啊，"空气"啊，"水"啊等等，这些无数的概念都是世世代代的人们，经过一次又一次的实践和认识，逐步总结出来的。公孙龙在这个认识过程中是有贡献的，因为他在2000多年前就指出，"白马"这个具体的概念和"马"这个一般的概念是有区别的。他说，"白马就是'马'加上白色"，"马"是指形体的名称，"白"是指颜色的名称。这就启发人们去思考特殊和一般，个性和共性的相互关系，帮助人们加深对事物的认识。

"白马"和"马"是有区别的。但是，能不能说，"白马"不是

"马"呢？当然不成。公孙龙却硬说，既然白马是马加上白色，所以，白马不是马。

公孙龙错在哪里呢？先得说，他没有弄明白什么是"马"的概念。平常，人们指着一匹牲畜，说："这是马。"那就是说，这牲畜长着强健的四肢，耳朵小而直立，面长，脖子和尾巴上长有长毛；能骑，也能拉车。"马"这个概念，是人们对客观事物的一种认识。它概括了所有这种牲畜的共同本质和区别于其他动物的一般特点。但是，作为抽象的概念的"马"，和现实生活中那一匹匹具体的、活生生的马是有区别的。任何一匹具体的、客观存在的马，除了具有马的共性以外，还具有自己的特点，自己的样子、大小、毛色，等等。要不，人们怎么能把这匹马和其他马区别开呢？每一匹现实的马，都是既有共性，又有个性，既有马的一般性质，又有自己的特点。世界上，绝不存在那样一匹抽象的马，不具有任何特点，不带任何颜色，分不出大小，比不出优劣。而公孙龙恰恰认为，那抽象的马不但存在，而且只有它才是真正的马。这样，就不仅白马不是马，其他红马、黑马、大马、小马都不是马了。公孙龙的根本错误就在于割裂了共性和个性、一般和特殊的相互联系。用哲学上的话来说，他犯了一个"绝对化"的错误。他不明白，表示事物共性的、抽象的概念是从具体事物中概括出来的，事物的共性和它们的个性分不开，而且只能通过个性表现出来。是马，就都有颜色。如果带颜色的马不是马，天下就没有马这种牲畜了。

所以，要准确地表达概念，要如实地反映对象的性质，就首先要弄清是相容关系还是不相容关系，不能相互混淆。其次，要准确地区分相容关系中的同一关系、从属关系和交叉关系，不能混用；要把握不相容关系中的反对关系和矛盾关系两种特殊情形，是矛盾关系就不能说成是反对关系，是反对关系也不能说成是矛盾关系。

概念之间的关系，从外延上来看，一般分为全同关系、真包含于关系、真包含关系、交叉关系和全异关系这五种情况。

1. 全同关系是指一些概念的内涵虽然不同，但它们在外延上具有完全重合关系

例如"《天龙八部》的作者"的内涵是"写《天龙八部》的人"，"《射雕英雄传》的作者"的内涵是"写《射雕英雄传》的人"，它们的内涵不同，但它们的外延却是重合的。如果"《天龙八部》的作者"是 A，"《射雕英雄传》的作者"是 B，那么 A 和 B 的关系，就是所有的 A 都是 B，同时所有的 B 都是 A。A 和 B 的这种关系就是全同关系。

全同关系的概念外延相同，但内涵不同，因而在同一篇文章的不同场合中运用具有全同关系的概念，能够揭示出这个概念的不同特点。

2. 真包含于关系是指一个概念的全部外延与另一个概念的部分外延重合的关系

例如"教授"和"知识分子"这两个概念，"教授"的全部外延与"知识分子"部分外延相重合，那么"教授"与"知识分子"的关系就是真包含于关系。如果"教授"是 A，"知识分子"是 B，那么它们的关系，就是所有的 A 都是 B，但并非所有的 B 都是 A，A 和 B 的这种关系就是真包含于关系。

3. 真包含关系是指一个概念的部分外延跟另一个概念的全部外延重合的关系

例如"学生"和"大学生"这两个概念，"学生"这个概念的部分外延是"大学生"的全部外延，"学生"和"大学生"的关系就是真包含关系。如果"学生"是 A，"大学生"是 B，它们的关系就是有一些 A 是 B，同时所有的 B 都是 A，A 和 B 的这种关系就是真包含关系。

4. 交叉关系是指一个概念的部分外延与另一个概念的部分外延相重合的关系

例如"医生"和"军人"这两个概念，如果前者是 A，后者是

B，那么它们的关系，就是有一些 A 是 B，也有一些 B 是即同时有一些 A 不是 B，也有一些 B 不是 A，A 和 B 的这种关系就是交叉关系。

5. 全异关系是指两个概念的外延没有任何重复之处的关系

下面三组概念都是全异关系：

学生　　　铅笔

男人　　　女人

红　　　　绿

这三组概念的第一组"学生"和"铅笔"有不同的属概念，"学生"的属概念是"人"，而"铅笔"的属概念是"文具"；但第二组和第三组则有共同的属概念，第二组"男人"和"女人"的属概念都是"人"；第三组"红"和"绿"的属概念都是"颜色"。第二组和第三组虽然都有共同的属概念，但也有不同。第二组中的"男人"和"女人"的外延相加，恰好等于它们的属概念"人"的外延；但第三组中的"红"和"绿"的外延之和则小于它们的属概念"颜色"的外延。第二组"男人"和"女人"的这种关系被称为矛盾关系，第三组"红"和"绿"这种关系被称作反对关系。也就是说，如果两个概念 A 和 B 是矛盾关系，那么它们的外延之和就等于它们属概念的外延；如果两个概念 A 和 B 是反对关系，那么它们的外延之和就小于它们属概念的外延。

他们究竟要做什么

周五下午，某高中高二（2）班放学后进行大扫除。大扫除前班长说："我们班级一直是卫生先进集体，今天大扫除，可以清洁我们每天生活和学习的环境，希望大家不怕脏和累，认真打扫，保住荣誉。"接着，班长请卫生委员安排具体工作，卫生委员开始布置任务："男同学打扫室外，女同学打扫室内，第一组和第二组擦窗户，第三组扫地和拖地，第四组抹黑板和课桌椅。学校的厕所由班干部负责打扫。大家听明白了吗？"大家听了任务分配计划后，感觉有点晕，你看看我，我看看你，一起喊："不明白！"

"怎么不明白呢？我不是讲得很清楚吗？"卫生委员涨红了脸说。第1组组长嚷着说："我究竟是擦玻璃窗，还到打扫室外卫生？"组织委员接着说："我也不清楚应该去打扫厕所，还是去拖地板？"副班长说："我成了三个人，既擦桌椅，又扫厕所，还要打扫室外卫生，怎么弄呢？"

听到这里，卫生委员明白了他任务分配的问题，说："好了，我纠正一下，重新分配一遍：班干部负责打扫厕所；其余的人，女同学打扫室内卫生，男同学打扫室外卫生；女同学的具体分工是，第一组、第二组的女同学擦玻璃窗，第三组的女同学扫地、拖地板，第四组的女同学抹黑板和课桌椅，明白了吗？""明白了！"大家齐声答道。一个小时后，同学们都圆满完成了任务，教室里外包括厕所都变得干干净净了。

这个故事里，卫生委员第一次分工后，大家为什么不知道自己应该干什么呢？原因在于，从逻辑的角度看，卫生委员违反了划分的规则。卫生委员第一次分工，使用了包括"性别"、"组别"和"职务"三个标准，因而导致了划分子项互相有交集，使同学们不知所措。后来，卫生委员明白了问题所在，重新进行了划分。后来的划分清晰、规范，所以大家都"明白了"。

那么，什么是概念的划分呢？概念的划分是指示概念外延的逻辑方法。其实质是按一定的标准将概念所反映的对象分成若干小类，也就是将一个概念划分为它所包含的若干种概念。

比如，根据"性别"这一标准，可以将"学生"这一概念划分为

"男生"和"女生";根据"政治面貌"这一标准,可以将"教师"这一概念划分为"党员教师"和"非党员教师"。划分由划分的母项、划分的子项和划分的根据三部分构成。划分的母项是被划分的概念,如上述两例中的"学生"、"教师"。划分的子项是划分后得到的概念,如"男生"和"女生","党员教师"和"非党员教师"。划分的根据是划分时所依照的标准,如上述两例中的"性别"、"政治面貌"。

划分有一次划分和连续划分、二分法划分和多分法划分两类。

1. 一次划分和连续划分

根据划分过程中所包含的母项和子项层次的多少,划分可分一次划分相连续划分。一次划分是指对母项一次划分完毕的划分。连续划分就是把母项划分为若干子项后,再将子项作为母项继续进行划分。根据不同特点,将"唯心主义哲学"划分为"客观唯心主义"和"主观唯心主义",这就是连续划分。

2. 二分法划分和多分法划分

按照同一次划分过程中划分的子项数量的多少,划分分为二分法划分和多分法划分。二分法划分是以对象有无某种属性作为划分标准,将一个属概念划分为一个正概念和一个负概念。例如,"考试成绩"分为"及格"和"不及格","战争"分为"正义战争"和"非正义战争"都是二分法划分。多分法划分是将一个属概念划分为三个或三个以上种概念的划分。

12岁,不能挂号

10月的一天,小芳开心地迎来了自己的12岁生日。由于正好是周日,所以可以畅快地出去游玩一天。于是小芳清早就坐车赶到郊区的野生动物园看狮子、老虎和大象等动物,下午又跑到中心公园划船,晚上还看了场电影。和爸爸妈妈度过了愉快的一天。可是第二天早晨起床时,小芳大呼头疼,爸爸摸摸她的前额,好烫啊!拿出体温计给她量体温,"啊,39.5℃!发高烧了!"这下可急坏了爸爸妈妈。他们顾不得上班了,以最快的速度用自行车把小芳带到附近的医院看急诊。

由于是星期一,医院里人很多,负责挂号的护士问爸爸:"您孩子有多大?""12岁。""对不起,请您到对面的窗口挂号。这里是'儿童挂号处',挂的是12岁以下的儿童。您的孩子已经12岁了。"12岁就不是儿童了?爸爸感觉很奇怪,但是既然这边不能挂号,就只好转身来到对面。里面负责挂号的护士问:"您女儿几岁了?""12岁。""对不起,这里挂的是12岁以上的病人,请到对面的'儿童挂号处'挂号。""我刚才已经去过,他们说那边不能挂,需要到您这里挂号。""实在抱歉,这是我们医院的规定,请您配合。"……爸爸来来回回辗转多次,结果还是不能挂号。

这时,坐在一旁的小芳烧得迷迷糊糊,表现出非常难受的样子。几位好心的人对妈妈说:"这家医院太不像话了,弄的什么事情啊!你们直接去找院长解决。"爸爸妈妈找到院长,反映了情况,院长听说后,连忙表示歉意,并让"儿童挂号处"马上办理手续,小芳很快得到了诊断和治疗。

请问这个医院的门诊制度合理吗?这个门诊制度的规定有什么逻辑问题吗?在这里门诊的问题属于逻辑划分不清晰。犯了"划分不全"的逻辑错误。这个医院门诊制度存在的问题在于,以年龄12岁为标准,对病人进行划分,应该分为三类:超过12岁的,12岁的,不足12岁的。而它规定的范围却只列出超过12岁的和不足12岁的,这样恰好将12岁的病人遗漏了,导致了该医院的儿科和其他科室踢皮球的问题。

"令尊"是指对方的儿子吗

柏拉图是古代西方著名的哲学家，有一次他的学生问他人是什么时，他说："人是身上没有毛，有两条腿，可以行走的动物。"柏拉图的话让学生们感到非常惊讶。一天，一个学生拎着一只拔光了毛的公鸡来到柏拉图面前，问："老师，您看我手中拎着的东西，是鸡还是人呢？如果是鸡的话，它完全符合您对人所做的规定，问题是它确实是只鸡，您如何解释呢？"面对学生的提问，知识渊博的柏拉图竟然无言以对。柏拉图之所以露出窘相，主要原因是因为他没有弄清楚概念的定义。

定义是揭示概念内涵的逻辑方法，给一个概念下定义就是用精炼的语句将这个概念的内涵揭示出来，也就是揭示这个概念所反映的对象的特有属性或本质属性。定义是由被定义项、定义项和定义联项三部分构成的。在一个定义中，定义项是最重要的，我们给一个概念下定义，主要就是定义项。

从前，有位农民没读什么书，很多普通词语的含义也不知道。一次，远方的一位朋友托人捎来一封信，信中询问"令尊安康否？"这位农民不懂"令尊"的含义，便去请教村里的秀才。

"请问相公，这'令尊'二字是什么意思？"

秀才看了他一眼，心想：这愚蠢的种田佬，连令尊是对对方父亲的尊称都不知道，真是太可笑了，何不利用这机会捉弄一下他呢。于是他便对农民说："这'令尊'二字嘛，是对对方儿子的爱称。"说完。秀才掩嘴而笑，心中暗自得意起来。

农民听了秀才的话，信以为真。然后，他与秀才友好地攀谈起来，末了农民询问道:"请问相公,你家里有几位令尊呢?"秀才听到这一问,气得脸色发白,但又不好发作,只好说:"我家中没有令尊。"

农民看到秀才脸色发青,满面不快的样子,以为他是因为没有儿子,听了问话感到难过,就非常恳切地安慰他:"相公没有令尊,千万不要伤心,我有4个儿子,你看中哪一个,我就把他送给你做令尊吧。"听到农民这样说,秀才气得浑身发抖,话也说不出来。

秀才本想捉弄农民,谁知聪明反被聪明误,偷鸡不成反蚀一把米。秀才之所以受辱,是因为他故意没有准确地揭示"令尊"这个概念的含义,用逻辑学的术语来说,就是秀才没有准确地说明语词的含义,也就是没有准确地使用定义。

定义是由被定义项、定义项和定义联项三部分构成的。下定义要遵守相关的规则。定义的规则有以下四条:

1. 定义必须是相应相称的

也就是定义项的外延与被定义项的外延必须是全同关系,否则就会出现"定义过宽"或"定义过窄"的逻辑错误。例如下面的例子:

思想是客观事物在人脑中的反映。

商品是通过货币进行交换的产品。

这里的第一个例子是定义过宽,也就是定义项的外延"客观事物在人脑中的反映"的外延大于被定义项"思想"的外延。这是因为感觉、直觉、表象也是客观事物在人脑中的反映,但它们不是思想——人类对客观事物的认识只有到了概念、判断、推理的思维阶段才能称得上是思想。

上面的第二个例子是定义过窄,也就是定义项"通过货币进行交换的产品"的外延小于定义项"商品"的外延。这是因为有些商品是不通过货币交换的,例如在货币产生之前,就有一个物物交换的阶段,而那些用来交换的物品也都是商品。

2. 定义项中不得直接或间接地包含被定义项

如果是直接包含被定义项，就会犯"同语反复"的错误，例如"作家就是参加作家协会的人"。如果是间接包含被定义项，就会犯"循环定义"的错误，例如"原因就是引起结果的事件，结果就是原因引起的事件"。

之所以设置这条规则，是因为如果需要给一个概念下定义，那就是对这个概念的特有属性不了解；而如果在定义项中直接或者间接地包含了被定义项，那么就是直接或者间接地包含了这个不了解的概念，当然也就不能起到明确概念内涵的作用。请看下面的例子：

儿子：爸爸，什么叫作"矛盾的论断"呢？

爸爸：矛盾的论断就是符合逻辑的论断。

儿子：那么，什么叫作"不合逻辑的论断"呢？

爸爸：唉，这还用得着再问吗，不符合逻辑的论断也就是矛盾的论断啊！

儿子：那到底什么是逻辑呀？

爸爸：嘿，我的小儿子，看来你真要打破砂锅问到底了。告诉你，逻辑呀，就是一门学问，这门学问嘛，就是专门讲逻辑的。

在这个例子中，爸爸先是用"不合逻辑的论断"来解释"矛盾的论断"，之后又用"矛盾的论断"来解释"不合逻辑的论断"，犯了循环定义的错误；最后，他又用"专门讲逻辑的学问"来解释"逻辑"，这是犯了"同语反复"的错误了。

3. 定义一般必须用肯定的语句形式和正概念

下定义是为了明确概念内涵的，也就是定义要明确指出一个概念具有哪些特有属性；而如果在下定义时用了否定句或者负概念，那么只能是写出了这个概念不具有哪些属性，但没有说明它具有哪些属性。例如下面的例子：

文学不是数学。

文学是非数学。

这里的第一个例子是用了否定句,第二个例子是用了负概念。第一个例子只是说明"文学"不具有"数学"的特征,但没有说明"文学"的特有属性。第二个例子跟第一个例子实际上是一回事儿。

4. 定义必须清楚确切

违反这条规则,就会犯"以比喻代定义"或者"定义语言含混"的错误。例如:

儿童是祖国的花朵。

教师是人类灵魂的工程师。

建筑是凝固的音乐。

这三个例句作为比喻都是不错的,但作为定义都不正确。这是由比喻的特点所决定的。比喻是用跟甲事物有相似之点的乙事物来描写或说明甲事物,这里的甲事物就是本体,乙事物就是喻体,而本体和喻体是两个具有全异关系的概念,而不是下出定义时应该具有的属种关系的概念。例如在"儿童是祖国的花朵"中,"儿童"不是"花朵","花朵"也不是"儿童",它们之间是全异关系;而一个正确的定义,例如在"天文学就是研究天体结构和演变的科学"中,"天文学"是"科学"的属概念。

夏洛克输掉官司

莎士比亚的著名喜剧《威尼斯商人》的第四联第一场"法医斗争"是全剧的高潮,涉及法律问题和逻辑问题。夏洛克之所以败诉,关键败在概念不明确上。故事的情节是这样的:

威尼斯商人安东尼奥向高利贷者犹太人夏洛克借钱。夏洛克早就嫉恨安东尼奥,所以订立一个很苛刻的契约借给他3000元现金,借期三个月,免于利息,如果到期不还的话,债权人有权在债务人的胸部割下一磅肉,作为处罚。由于安东尼奥的船队出事,货物全部损失。三个月期满,安东尼奥还不出这笔钱,这时夏洛克就到威尼斯法庭控告安东尼奥,要求法庭"一定要按照契约"执行,就是说,他一定要割安东尼奥一磅肉。

在法庭上,安东尼奥的辩护律师问夏洛克:"称肉的天平有没有准备好?"夏洛克没有觉察到这问话是别有用意的,就回答说:"我已经带来了。"律师还向他建议说:"夏洛克,去请一位外科医生来替他堵住伤口,费用归你负担,免得他流血而死。"

夏洛克断然拒绝道:"我不会支付包扎伤口的费用,因为契约上没有这一条。"

听到夏洛克这样说,安东尼奥的辩护律师警告道:"契约上同样也没有写你可以取他的血,写的是'一磅肉',所以你可以按照契约从他的身上取走一磅肉,如果在割肉的过程中,流下一滴血,按照威尼斯的法律,你所有的土地和财产,就要全部充公。"

律师的话在夏洛克的心里引起极大的恐慌,他呆呆地站在那里,一句话也没有说,更没有勇气去索取那一磅肉。

见此情形,律师又严厉地说道:"我的当事人就站在你面前,你赶快动手吧。不过在动手割肉之前,我有必要提醒你,多一点不行,少一点也不行,流一滴血更不行。"

在律师有力的辩护下,夏洛克狼狈不堪,真是"偷鸡不成,倒蚀一把米"。

律师之所以能制服夏洛克主要是他巧妙地利用契约中的漏洞。契约中只写明"割一磅肉",没有写明能不能流血,能不能多割或少割。由于概念不明确,使对方有口难辩,终于陷入困境。

因为,在律师的发问中,夏洛克已亲口承认:第一,他已经把天平带来了。带天平是为了称肉，为了称那"一磅肉"，这不是承认了不能多割或少割吗？如果可以多割或少割，那还要天平干什么？所以，当律师宣布夏洛克只许刚好割一磅肉，不许多也不许少时，夏洛克提不出反驳的理由。第二，他拒绝请外科医生的要求，理由是"契约上并没有这一条规定"。这就意味着夏洛克认定：一切按契约上的规定办理，凡是契约上没有明文规定的就不能做。既然如此，那么割肉时就不能流一滴血，因为这同"不肯请医生一样"，没有写明在条文中。

由于在条文中对概念没有做明确限定，就不得不按照法官的裁决。最后，夏洛克既放弃了债款，又被没收了一笔财产。

第二章

命题：揭开真相的前奏曲

命题是一种有肯定或否定意味的思想，它有真假之分；而判断则是认知主体在认知过程中断定为真的命题。也就是说，凡是由一个陈述语句表达的有肯定或否定断定的思想，皆为命题；而一个命题所表达的肯定或否定思想，只有在断定者断定其真的情况下才称之为判断。

战役因猫而胜

第二次世界大战期间，法德两军在某地处于对峙状态。德军有位参谋多次观察到，在法国阵地的后方，一片坟地里有只家猫的活动很有规律。

只要天气晴朗，每天早晨八九点的时候，那只家猫准会在坟地里晒太阳。坟地周围没有村庄，没人在那里居住，猫是人类的朋友，通常随人的出现而出现，更何况是一只家猫呢？想到这里，这位参谋根据家猫晒太阳的现象，推测出坟地下面很可能隐藏着法军的高级指挥所。于是，就集中炮火猛烈轰炸坟地。事后证明，坟地下面果然是一个法军的旅级指挥所，炮火轰击使地下室的指挥人员全部丧命，法军由于失去指挥，乱了阵脚，遭到惨败。

德军指挥官正是由于具有较强的逻辑修养，从坟地上的一只猫推理出坟地下面有法军的指挥部，从而赢得了这次战役的胜利。若没有较好的逻辑修养，不进行一系列严密的逻辑推理，是很难推理出坟地下面有法军高级指挥所的。推理被公认为逻辑学的核心内容，但是，对命题的正确理解和运用是准确有效推理的前提。

那么，什么是命题呢？命题是对思维对象有所断定的一种思维形式，它有两个显著的逻辑特征：

1. 命题有所断定

凡是命题都断定了对象具有或不具有某种性质或关系。如果一个语句无所肯定也无所否定就不表达命题。对思维对象有所断定是一切命题最显著的特征，因此对思维对象是否有所断定是区别一个语句是否表达命题的根据。

2. 命题有真有假

命题是人脑对客观事物的反映，因此，就存在着命题与客观事物实际情况是否相符合的问题，即命题的真假问题。如果一个命题所做出的断定与客观事物的实际情况相符合，那么它就是真命题，否则便是假命题。命题的真假情况，统称为命题的"值"或"真值"。

命题的真假是命题内容方面的问题，一个命题的具体内容是真是假，是要通过实践来解决的问题，这是有关学科的具体任务。形式逻辑不可能也没有必要去解决如何判别每个具体命题的真假。形式逻辑所研究的是不同类型的命题的逻辑形式，特别是这些逻辑形式中常项的逻辑特性，以便为人们正确地使用各种命题，符合逻辑地进行推理和论证提供必要条件。

传统逻辑命题理论从形式上刻画命题，将命题与判断视为同一，未做严格区分。而事实上，二者是两个有区别的概念。

命题是一种有肯定或否定意味的思想，它有真假之分；而判断则是认知主体在认知过程中断定为真的命题。也就是说，凡是由一个陈述语句表达的有肯定或否定断定的思想，皆为命题；而一个命题所表达的肯定或否定思想，只有在断定者断定其真的情况下才称之为判断。在正常认知状态下，断定者总是断定自认为真的命题，不断定自认为假的命题。但由于主客观因素的制约，真命题不一定人人都断定，假命题不一定没有人断定，断定是因人而异的。

真命题和假命题

　　什么是命题？答案很简单，给某件事情做出判断的句子就是命题；反之，未对某件事情做出判断的句子就不是命题。句子中的含义是正确的命题是真命题，句子中含义错误的命题是假命题。有位语文老师，围绕真命题与假命题，与学生展开讨论，这则小故事如下：

　　有位语文老师讲课生动有趣，颇得学生们的喜爱，就连平时那些调皮捣蛋的学生，只要是上语文课，马上就变了模样，安安静静地、聚精会神地坐在课桌前认真听语文老师上课。

　　一天，语文老师问同学："'真棒'是真命题吗？"

　　同学们几乎异口同声地回答道："不是真命题。"

　　语文老师又说："'你真棒！'是真命题吗？"

　　同学们又是几乎异口同声地回答道："是真命题。"

　　由于这位语文老师平时就喜欢和同学们互动，上课时也不像其他老师那样，摆出一副严肃的面孔，相反他更愿意让学生们自由展示自己的天性，只要不做出太出格的事情，他基本上都不会去制止。按他的话说，这种近乎开放式的教育方式，在给学生们传授知识时，要比填鸭式的效果好得多。正是因为这种教育理念，他所带领的班级的语文成绩，一直稳居同一年级段的第一名。

　　由于前期"真棒"产生出的互动效果，课堂变得热闹起来，同学们相互说句子让对方回答是真命题还是假命题。

　　就在这时，"'老师，我真棒'是真命题。"一下子吸引住了大家的目光。说话者原来是全班中最调皮的学生——李乐。同学们顿时哄堂大笑，这笑声不是对李乐刚才说自己真棒的认可，而是表示反对。

语文老师摆了摆手，示意大家不要再笑了。瞬间，课堂安静了。语文老师说："'李乐真棒'，是不是真命题呢？"

全班的同学们几乎大叫道："假命题。"接着，又是笑声一片。一句"我真棒"惹来了两次笑声，李乐觉得有点不好意思，情绪明显发生了变化。

语文老师发现后，制止了学生的笑声，然后说："李乐说自己真棒是有原因的。在今年春天学校举行的运动会上，他参加的短跑、铅球等项目，不但个人拿到奖项，还为我们班争了光，你们说：'李乐真棒'是假命题吗？"

全班同学回答道："是真命题。"

李乐听到回答后，情绪马上就变得积极起来。语文老师趁此机会又说："如果李乐在学习上的表现和运动场上一样棒的话，'李乐真棒！'同样是真命题，你能做得到吗？"

听到老师刚才的表扬，李乐马上从座位上站起来，理直气壮地说："我能做到！"

李乐刚说完，同学们报以热烈的掌声，这掌声是对李乐的肯定和鼓励。

在这个小故事里，语文老师的做法真的很棒，他没有采取枯燥无味的讲解方式告诉学生什么是真命题，什么是假命题，而是通过简单易懂的例子，向同学们讲解真命题与假命题的区别，这不仅让不爱听课的学生积极参与到讨论之中，还可以让同学通过切身体会，真正发现语文的趣味性，很容易让同学们掌握了真假命题的概念。

瘸腿青蛙开诊所

瘸腿青蛙从外面回到了森林。它在一个池塘边开了一间诊所。它对着森林里的动物大声宣传道:"我在外面拿到了医学博士学位。这个世界上没有我治不好的伤病。"

银狐听见后,哈哈大笑。它反问道:"青蛙老兄,你连自己的瘸腿都治不好,怎么可能包治所有伤痛呢?"

瘸腿青蛙无言以对,只好灰溜溜地关闭诊所,离开了池塘。

如果青蛙真能治好所有伤病,那么它就一定能治好自己的瘸腿,可是青蛙没有治好自己的瘸腿。由此可见,青蛙根本不能治好所有伤病。因此,银狐判断青蛙就是在吹牛皮。

命题对于逻辑推理而言,有着极为重要的意义。在生活中,许多逻辑思维不严谨的人,很容易因为命题问题闹出笑话。

古时候交通通信技术不发达,官府发送公文时,不是派小吏跑腿,就是用快马传递。这一天,某位县令向上级官员发送一份紧急公文。他派了一名新任职的邮差去送信。考虑到人用两条腿跑步太慢,可能会耽误事,于是县令给邮差配了一匹马。谁知,这位新任职的邮差没有骑马,而是跟着马一起步行……

另一位邮差问道:"这么紧急的任务,步行根本来不及,你为什么不直接骑马呢?"

新邮差一头雾水地回答说:"我已经用最快速度送信了呀!4条腿的马比两条腿的人跑得快是个常识。那么,6条腿赶路岂不是比4条腿速度更快吗?"众人听完后,大笑不已。

新邮差觉得自己的想法很符合"逻辑"。根据他观察到的生活经验,四条腿的动物比两条腿的人跑得更快。据此推断,走路的腿越多,走的速度自然就越快。人与马一起走路的话就有6条腿,而骑马只有4条腿,所以,人与马一起走路定比人骑马的速度更快。

这当然是一个不符合客观实际的推理,也存在严重的逻辑漏洞。只不过,在没有接触逻辑学知识之前,我们更多是用生活经验去证明这个推理的错误。假如带入命题知识,你就会发现这是一个省略了"大前提"的假命题。

新邮差的命题之所以不成立,是因为被省略掉的"大前提"不构成条件关系。也就是说,"腿多"并不是"速度快"的条件,所以新邮差所想的"大前提"是虚假的,命题的结论自然是错误的。

命题与语句

语句的种类很多,例如疑问句、感叹句、祈使句、陈述句等,命题是一种特定的语句,它的基本格式是:如果……那么……命题和语句的关系有以下三种情况。

1. 同一个语句表达不同的命题

生活中,我们经常会遇到同一个语句表达出不同命题的情况。例如,"一位8岁的小姑娘在火车上画画。"这句话看似很简单,但它的理解方式有两种,第一种为"一位8岁的小姑娘坐在火车座位上,聚精会神地在画板上画画";第二种为"一位8岁的小姑娘把画画在火车上"。还例如,父母要工作,没有太多的时间照顾自己的孩子,每天中午让孩子在托管处吃饭和睡午觉,晚上孩子回来后,妈妈问女儿:"中午是怎么睡的?"女儿回答道:"在床上睡的。"实际上,妈妈问女儿的本意是:在托管处如何安排房间、睡哪个房间、和哪些孩子一起睡。女儿没有理解妈妈问话的意图，因此便直接回答，是在床上睡的。为了避免产生不必要的误解，回答者必须认真分析说话者所说的内涵，理解才能到位，才能正确回答命题。

同一个语句能够表达不同的命题，如果没有准确分析语言的应用场景，很容易产生误解。在语言表达中，有时可以故意让对方难以理解，这样可以起到语言的幽默效果，显示出语言表达的独特魅力。

一天，一位老太太在一家商场的化妆品专柜买好自己需要的化妆品后就离开了，大约过了一个小时，她又急匆匆地回来了，对营业员说："小姑娘，我刚刚在你这里买了化妆品，你还记得我吗？"

营业员看了看眼前略显焦急的老太太，想了想说："我想起来了，您刚才的确在我这里买了化妆品，您还有什么事儿需要我帮忙吗？"

老太太说："你刚才给我找钱时，算错了30元。"

营业员听到这里，心里似乎明白老太太的用意了，便显得有点不高兴，说："当时您怎么不告诉我呢，现在过去这么长时间了，来我这里买化妆品的顾客那么多，如果要是都说算错了，回头再来找我，我这生意可就没法做了……"很显然，营业员不想承认算错的30元。

对于营业员并不友好的语言，老太太并没有生气，解释道："当时我也没有在意，回家时整理钱包时，才发现的。"

"刚才我已经说了，时间过了这么长了，怎么能说得清楚呢。"营业员的口气显得有些不耐烦，"要是当时我给您算错了，您当场提出来，我可以重新给您算，再补给您，现在真的说不清了。"

老太太又问："真的不行了吗？"

营业员用肯定的口吻说："不行了。就算您去找我们的领导，也不行。"

老太太听营业员这么一说，用平静的口吻回答道："既然你这么说，我就可以心安理得地把你多找给我的30元装进口袋了。"

营业员一听，马上急了，说："您在说什么？我刚才多找给您30

元钱？您是来退钱的？"营业员马上赔着笑脸继续说："阿姨，刚才我的态度不好，请您原谅！"

故事中的命题是"算错了30元钱"，语言描述时营业员理解出现错误。这里"算错了30元钱"这个语句有两种解释，可以表示"营业员多找给顾客30元钱"，也可以理解为"营业员少找给顾客30元钱"。老太太表达的意思是，"营业员多找了30元钱"，而营业员却认为"自己多收了老太太30元钱"，于是，便出现上面的对话场景，这就是语言的幽默艺术。

2. 不同的语句也可以表示同一命题

同一命题可以用不同的语句进行表达，它的好处是，可以使表达者的观点或生动活泼或变化多端。使用不同的语句来阐述同一个命题，还可以用委婉的语句进行表达。

法官布鲁尔和将军迪雷克是非常要好的朋友。两位好友多日未见，一天晚上，布鲁尔邀迪雷克到家中做客，迪雷克欣然赴约。饭后，时间尚早，两人在客厅内边喝咖啡边聊天。布鲁尔小时候的梦想就是想穿上军装，成为一名军人，然而命运却安排他从事法官这一职业，尽管如此，布鲁尔依然对军事非常痴迷，经常通过各种媒体了解国际军事发展动态。二人聊着聊着，布鲁尔的脑子突然闪出一个念头，想知道自己好友所掌握的军事机密，于是便问道："军队进入信息化时代，陆军信息化作战方案和作战策略是什么样子的呢？"

听到好友的问话，将军面露难色。对于一位职业军人来说，作战机密是绝对不允许泄露的。不回答呢，好友的面子有些过不去；回答呢，违背军人的天职。左右为难之际，好友突然脑中灵光一现，有办法解决好友的问题了。于是，他说："我们是从小一起玩到大的好兄弟，你能保守这个秘密吗？"

布鲁尔一听，马上严肃起来，并信誓旦旦地说："你放心，我绝对保守秘密，不告诉任何人。"

将军听完,说:"我为你能够保守秘密而感到高兴,真是我的好兄弟,我也能够保守秘密。"

说完,两个人相互对视一下,哈哈大笑起来。

故事中,将军的话"你能保守这个秘密吗?"就是同一命题下,用不同的语句进行表达,这样的好处是,自己既不泄露军事机密,又不会让好友难堪。同一命题下,用不同的语句进行表达,可以让表达显得合理得体,同时又不失语言的幽默感。既然同一命题下,采用不同语句进行表达具有如此的魅力,生活中我们也应该用这种方式进行表达,从而让刺耳的话变得顺耳起来,让对方听着舒服,心里更容易接受。例如,在小区的绿化地带,我们经常可以看到这样生硬的标语"禁止践踏草地",如果把这句话改成"小草正在睡觉,请不要打扰她",这样的话,让人觉得更加亲切,更容易让人接受,而不去踩踏草坪。

3. 命题并非一定需要语句来表达

特定场景中,一个标点符号、一个词甚至一个动作,都能准确地将命题表达出来。

例如:

世界大文豪、法国作家雨果,写完他的成名作《悲惨世界》后,把书稿邮寄给出版商,希望能够出版。出版商是商人,以营利为主,对于没有成名的作者而言,通常不会出版他们写的书稿,因为出版这些人的书稿,会暗藏着诸多不确定因素,直接影响出版社的经济效益。所以,很多给出版商投稿的作者,几乎是泥牛入海,成功出版的概率非常的小。

雨果相信这部书稿的质量,他每天都去自己的信箱里看是否有出版商的回信,然而每次都失望而归。经过漫长的等待,雨果终于坐不住了,便提起笔给出版商写了一封信,可是信的正文中却没有写任何一个字,而是一个大大的"?"。信寄出去不久,就收到了出版商的回信,雨果看到信后,非常高兴,因为信的正文中只有一个大大的"!"。

很快,《悲惨世界》就在法国与读者见面了,出版后该书在读者中引起巨大的反响,成为当年最畅销的图书,同时也奠定了雨果在世界文坛的地位。

这个故事中,无论是雨果的去信,还是出版商的回信,在表达命题时,双方都用的是标点符号,但表达的意图非常清楚。雨果在信中使用的"?",表达的意思是:"我的作品达到出版要求了吗?"出版商信中使用的"!",表达的意思是:"你的作品非常棒,具有很强的震撼力,这样好的作品,我们一定会出版。"

赖账的律师

选言命题主要是表现事物的若干种情况或性质,它的命题通常是多个的,至少也有一个。根据选言命题之间是否具有并存关系,可以把选言命题分为相容选言命题和不相容选言命题。例如:

(1)这一批电风扇投放市场后,没能得到消费者的认可,可能是质量低劣,也可能是价格不合理的原因造成的。

(2)职场如同战场,很多人为了获得更多的生存空间,不惜和对手殊死竞争,甚至到了白热化的程度,他们这种不是鱼死就是网破的态度是不可取的。

例(1)中,关于电风扇的"质量低劣"和"价格不合理",这两个命题可以并存,它们的载体是电风扇,所以属于相容性选言命题。例(2)中,"鱼死"和"网破"这两种情况不会并存,尽管载体都是职场竞争,但"鱼死"了,"网"怎么会破呢?换句话说,"鱼死"

了,"鱼"是竞争中的失败者,"网"是胜利者;反之,"鱼"是竞争中的胜利者,"网"是失败者。所以,例(2)属于不相容选言命题。

有位律师喜欢赖账,收钱的时候,他总是表现得很积极,一旦债主让他还钱时,他马上找各种理由进行赖账。能不还的坚决不还,能拖的坚决一拖再拖,尽管他的赖账行为在业内成为诟病,但这位律师口才好,辩驳能力强,找他打官司的人络绎不绝。

一天,律师的妻子突然患心脏病,并且很严重,很快就进入了昏迷状态。律师很爱他的妻子,时间就是生命,律师以最短的时间把医生请来了。他对医生说:"您赶快想办法抢救她吧,我非常非常地爱我的妻子,如果我的妻子离开我了,我的生活也就变得没有意义了。"

救死扶伤是医生的天职,这位医生对律师妻子的病情做出正确判断后,说:"您妻子的病情不乐观,您要有思想准备。"

律师听了后,急切地说:"无论您是救活了我的妻子,还是医死了我的妻子,我都会给您付急救酬金。"

医生曾听人说过,这位律师喜欢赖账,但看在他说话的态度和对妻子的爱的份儿上,医生答应了律师。于是,医生对律师的妻子进行全力抢救,但是由于她病情太重,还是没有抢救过来,最后医生遗憾地告诉律师,他的妻子抢救无效而死亡。

律师听后,整个人傻在那里。医生对律师安慰几句后,离开了。几天后,医生来到律师的办公室,向律师要出诊酬金。

律师听了后,不高兴地说:"是您因为误诊,医死我的妻子吗?"

"不是,绝对不是。"医生说,"是您太太当时病情太重,已经到了无力回天的地步,您当时恳求我,我才尽力而为。我当时抢救的方式和用的药,都没有错。"

"既然不是您医死了我太太,在法律上您不用负责。"律师继续说,"您把我太太救活了吗?"

律师的问话,搞得医生一头雾水,他的妻子明明没有抢救过来,为什么还要这样问呢？尽管医生对律师的问话，在心里打鼓，可他口中却说："没有救活您的妻子。不过，我已经尽力了，她的病情实在太严重了。甭说是我，就是世界上最好的医生，也无法救活她。"

律师说："对不起，我不能给您支付酬金。"

医生问："为什么呀，当初你说过，给我支付酬金呀。"

"我的确说过，给您支付酬金。既然您没有把她抢救过来，也没有因为误诊而医死她，根据当时的承诺，这两点您都没有做到，难道我还需要给您支付酬金吗？"

医生一听，顿时哑口无言。

在这个故事中，律师是怎样通过狡辩的方式进行赖账的呢？分析一下，真相就一目了然。律师是这样辩说的，如果您救活了我的太太，我将给您支付酬金；如果您因误诊而医死了我的太太，我依然会给您支付酬金。这里，"救活"和"误诊而医死"是律师支付酬金的前提条件。这个条件的潜台词是，如果医生没有救活他的太太，也没有医死他的太太，律师就不用向医生支付酬金。

按常理而言，律师在狡辩，但他却占理。也就是说，他不用支付给医生酬金的理由，站得住脚，医生无法从中找出讨要酬金的破绽。律师的这种说法，就是巧妙地利用了相容选言命题的方式。除此之外，律师还巧妙地误导了医生，让医生觉得，他的太太无论死活，律师都会支付酬金。律师的误导，继而为后期赖账做好铺垫。

"勒镯揭被"与"揭被勒镯"

清朝时，江苏有个姓李的少年非常聪明，14岁时就当了诉讼师，专门替人打官司。

有一次，一位待嫁的姑娘在自己的家里被邻居强奸了。这个无赖强奸了姑娘后，又强行勒走姑娘戴在手腕上的金手镯，然后沿着原路翻墙而逃。

女方的家长报官后，官府很快将无赖抓获。女方的家长对这个无赖恨之入骨，非要置他于死罪，但是碍于面子，又不想公布女儿被强奸的情节，所以在写控诉状时，左右为难，不知如何是好。最后，只好写上"揭被勒镯"四个字，但又担心分量不够，无赖得不到应有的惩罚，就去请教那位姓李的诉讼师。

姓李的诉讼师了解完真实情况后，说："'揭被勒镯'不可能定死罪。"于是，他把"揭被勒镯"这四个字颠倒一下次序，改为"勒镯揭被"。状子递上去以后，无赖果然被判了死刑，得到了应有的惩罚。

当有些人不解其中的奥妙时，姓李的讼师就对他们说："'揭被勒镯'重点在于'勒镯'，揭被不过是为了劫财而已，这只有一条罪状；'勒镯揭被'重点在于'揭被'，说明这个无赖不但抢劫了财物，还玷污了她的身体。不但犯有抢夺罪，而且犯有强奸罪，这就成了两条罪状了。"

从逻辑上讲，这个故事省略了连接词的递进关系的联言命题。联言命题是断定事物若干性质或关系同时存在的复合命题，它是由两个或两个以上的简单命题构成的。如"世界既是多样的又是统一的"就是一个联言命题，它断定了"世界是多样的"和"世界是统一的"两种性质同时存在，是由两个简单命题构成的。

联言命题是由联言肢和逻辑连接词两部分构成的。联言肢是构成联言命题的简单命题，在联言命题"物美而且价廉"中，"物美"、"价廉"就是联言肢。逻辑连接词是把联言肢联结起来的关联词。联言命题的一般形式为：P 并且 q。

其中，P、q 表示联言肢，"并且"是逻辑连接词。

联言命题的连接词的语言表达方式多种多样，如"而且"、"不但……而且……"、"既……又……"、"不但……还……"、"虽然……但是……"都可以用来表达联言命题的逻辑连接词。

在实际思维活动中，联言命题包括联主命题、合谓命题、联主合谓命题三种基本形式。联主命题是由几个主项和一个谓项构成的联言命题，如："讲究卫生，懂得礼貌，遵守社会公德是每个公民应有的文明行为。"合谓命题是由一个主项几个谓项构成的联言命题，如："毛泽东是军事家、政治家、哲学家和诗人。"联主合谓命题是由几个主项和谓项均不同的简单命题构成的复合命题，如："坚持真理、修正错误是科学家应有的品质和前进的动力。"

联言命题的真假是由其肢命题的真假来确定的。一个联言命题为真，其全部联言肢断定的事物性质应都存在。从真假角度考虑，一个联言命题为真，其肢命题都应真。当一个联言肢断定的事物性质不存在时，联言命题就是假的。

在思维活动中正确地运用联言命题可以帮助人们准确地表达思想，把握对象。因为它从不同的方面、不同的层次认识对象，因而能对对象的性质做出比较深刻、比较全面的认识。

骗子的假言命题

爱因斯坦成名以后，经常应邀到世界各地讲学，他讲学的内容主要围绕相对论的含义和用途。1933年的一天，爱因斯坦应邀到一家大型企业下属的工人技能培训学院讲学。工人们听说是著名的物理学家给他们讲学，纷纷放下手中的工作，来到礼堂中听爱因斯坦的演讲。

这是一堂别开生面的课，内容与相对论无关，主要是围绕着工人如何提高自己的工作技能和工作效率而展开。中途休息的过程中，一位年轻的工人走到爱因斯坦面前,用好奇的口吻问道:"爱因斯坦教授,很多人都说你创立的相对论非常高深难懂,世界上也仅仅只有几十个人能明白,是真的吗?"

爱因斯坦喝了一口水,望着面前的年轻工人,说:"没有那么夸张,更不像你想象的那么难懂。"

"可是大家都这样认为呀?"年轻工人说道。

为了让人们更好地了解相对论,爱因斯坦在讲学的过程中,针对不同的群体和不同的教育程度,举出不同的例子,这样做的好处就是能够让人更好地去理解相对论。年轻工人的知识结构相对低端,必须用他熟悉的事物去解释,对方才能够接受。想到这里,爱因斯坦便风趣地说:"如果你喜欢一个漂亮的姑娘,你在她身边坐了一个小时,但却觉得坐了几分钟;反之,如果你坐在热炉子上面,即便是几分钟,你却觉得像一个小时一样漫长。这就是相对论。"

有了这种深入浅出的比喻,年轻工人自然容易理解什么是相对论了。

故事中,爱因斯坦巧妙地运用了两个假言命题。那么,什么是假言命题呢?

假言命题也称作条件命题,就是陈述某一事物的存在(或不存在)是另一事物存在(或不存在)的条件的命题形式。例如:夏天雨季的时候如果持续下几天暴雨的话,长江就会涨水。这里持续下几天暴雨是涨水的条件。假言命题陈述的是两个事物之间的条件。《安徒生童话》中《皇帝的新装》就是假言命题的典型案例。

从前有位皇帝,非常喜欢穿漂亮的新衣服,几乎把所有的钱财都花费在新衣服上了。作为皇帝,他不关心军队,不喜欢看戏,更不会乘着马车逛公园。为了炫耀他的新衣服,几乎每个钟头都要换一套。

两个骗子知道皇帝的嗜好后,就说自己是织工,能织出世界上最美丽的布,这种布不仅图案和色彩精美,把它做成衣服以后,会出现一种奇异的效果,那些不称职或愚蠢的人是看不到的。皇帝听到以后非常高兴,就让两个骗子为他织布制作衣服。

两个骗子摆出织布机,把皇帝给的生丝和金子全都装进自己的腰包,而织布机上连一点布匹的影子都没有。为了表现出他们辛勤工作的样子,他们从早到晚一直在织布机前忙个不停。

"他们织的布,到底是什么样子的呢?"皇帝在心里反复想着。不过,当想到"不称职或愚蠢的人看不到布料时",他心里多少有点不舒服。尽管如此,他还是想知道布料的模样,于是就派大臣去看看。

大臣接到皇帝的命令后,不敢怠慢,来到两个骗子的屋内,当时他俩正在织布机前忙碌着。两个骗子见大臣前来视察,就热情地给大臣讲解布料如何的漂亮,色彩如何的艳丽。

"上帝啊,我怎么没有看到呢?难道我是不称职的大臣吗?"大臣想到这里,心里不免有些害怕起来。"不,决不能说自己没有看到,不然的话,皇帝肯定会革了我的职。"这位大臣正在思考之际,其中一个骗子说:"难道您一点意见也没有吗?"

大臣回过神来,马上说:"美极了,简直是我看到的人间极品。花纹多么漂亮啊、色彩多么艳丽啊!我没有任何意见,你们做的简直太完美了。我要向皇帝报告,布料非常好,我非常满意。"

两位骗子听后,说:"我们听到你的话,非常高兴。"接着,两个骗子又向大臣对自己所织布料的花纹和色彩进行一番描述。大臣一字不漏地全部记录下来,向皇帝交差时,就把骗子的话向皇帝背一遍。

第一位大臣回来后不久,骗子向皇帝要更多的金子和生丝,理由自然是织布,其实他俩把这些东西全都装进了自己的腰包。

过了一段时间后,皇帝派第二位大臣来查看织布进度。第二位大臣最初感受和第一位大臣一样,什么也没有看到,为了让皇帝知道自己不是不称职的人或不是愚蠢的人,他和第一位大臣一样,相信了两个骗子的话。回来向皇帝做汇报时,比第一位大臣说的还漂亮。

全城的人都在谈论美丽的布料。皇帝实在忍不住了,决定亲自前往目睹布料的风采。他选择的随行人员中,就有前期观看的两位大臣。

"陛下,您看这布料多么的精美呀。"两位大臣指着空织布机对皇帝说。因为他们每个人都相信,在场的人都能看到织布机上华丽的布料。

"怎么回事儿,我怎么看不到,难道我是愚蠢的人吗?难道我是不称职的皇帝吗?"皇帝想到这里,不由得心里发怵,为了向随行的人证明自己不是一个愚蠢的人而是一个称职的皇帝,他便开口说道:"是啊,美极了,我非常满意。"随行的人员其实什么也没有看到,听皇帝这么说,大家也就纷纷附和皇帝的话。

布料很快就织好了,为了不耽误第二天的游行大典,两个骗子装作把布料从织布机上取下来,然后又拿起剪刀在高空挥舞一阵子,接着又用没有穿线的针,乱缝一通。就这样,他们整整折腾了一夜。

第二天,两个骗子把皇帝的衣服全部脱光,把刚刚做好的衣服,一件件给皇帝穿上,然后让皇帝来到镜子前看穿上新衣服的样子。皇帝对着镜子说:"上帝啊,这衣服非常合身,裁剪非常到位,我穿着非常舒服。"大家也在一旁说:"这么贵重的衣服,只能陛下才配得上穿。"

接着,皇帝在大臣的簇拥下,开始游行庆典。满城的人无不赞赏皇帝的新装。其中一个小孩却说:"皇帝赤裸着身体,什么也没有穿呀。"

很快,小孩的话在人群中传开了,大家都认为小孩是一个天真诚实的人,皇帝的确什么都没有穿。话传到皇帝的耳朵里,他认为老百姓讲的话是对的。不过,自己却这么想:"必须把这场盛大的游行庆典举行完毕。"心里有了这种想法后,他重新趾高气扬起来,跟在他后面的随从,手里依然托着一个不存在的后裾。

这个故事中,骗子为何能够行骗成功呢?皇帝、大臣们分明什么都没有看到，嘴里却说"新衣"很漂亮呢？因为骗子事先给他们下了一个套，这个套就是"愚蠢的人和不称职的人，都看不到这件奇异的新衣服的"。从皇帝到大臣，为了证明自己是聪明的称职的，只好自己欺骗自己，而真正不愚蠢的人，则是说出皇帝什么都没有穿的孩子。事实上，骗子在这场骗局中使用了错误的假言命题，因为前提和结论没有必然联系，即为"不称职或愚蠢的人"不是"看不到衣服"的重要条件。在这场骗局中，无论是否称职、无论是否愚蠢，都不会看到新衣服。骗子之所以能够得逞，关键在于把非条件关系说成条件关系，从而导致皇帝和大臣出尽洋相，起到了绝佳的讽刺效果。

如果你有6座城堡，给不给我

"如果……那么……"句型是很常用的一种句型，在逻辑上，这种句型所表示的是充分条件假言命题。充分条件假言命题的特点是有A就有B。

两位苏格兰人在交谈：

A："我俩是好朋友吗？"

B："是的。"

A："那么，如果你有6座城堡，肯给我一座吗？"

B："当然给！"

A："如果你有6辆汽车。"

B："同样给！"

A："你真够朋友！那么，如果你有6件衬衫，也能给我一件啦？"

B："哦，那可不行。"

A："为什么呢？"

此处的苏格兰人 A 在发问时,连用了三个"如果……那么……"句型。而苏格兰人 B 为什么能够豪爽地答应送给好朋友一座城堡、一辆汽车,却不敢答应送好朋友一件衬衣呢?这是因为他"没有 6 座城堡"、"没有 6 辆汽车",但他却"有 6 件衬衣",关系到充分条件假言命题的逻辑性质了。

对于充分条件假言命题,我们似乎都明白它的含义,但果真如此吗?请分析下面的例句:

要是你做完了作业,你就可以出去玩。

这是中国父母经常对孩子说的一句话。假设你的孩子是小学生,到了周六在家里做作业,当他请求出去玩时,你对他说了上面这句话。可是后来发现孩子的作业太多了,他做了两个小时后,已经没有了学习的兴致,学习效率也很差。这时你可能觉得让孩子出去玩一会儿,回来后学习效率会很高,于是就让孩子出去玩半小时。那么你的行为是不是跟你前面说的"要是你做完了作业,你就可以出去玩"相矛盾呢?

如果你的回答是肯定的,那就错了。因为对于"要是你做完了作业,你就可以出去玩"这个充分条件假言命题来说,它只有一种情况为假,那就是前件真后件假。也就是只有当"孩子做完了作业,但没出去玩"为真时,这个命题才是假的。如果孩子没做完作业,也就是前件为假,那么不管后件如何,也就是不管他出去玩了还是没出去玩,你说的那句话都是真的。

充分条件假言命题是反映一事物情况是另一事物情况的充分条件的复合命题,它的典型句型就是"如果……那么……"。我们把"如果"后面的支命题叫作前件,用 P 来表示;"那么"后面的支命题叫作后件,用 q 来表示,这样充分条件假言命题的逻辑形式就是:

如果 P,那么 q

"如果……那么……"的数理逻辑符号是"→"(读着"蕴涵"),

因而充分条件假言命题一般符号化为：

P→q

充分条件假言命题的前件 P 和后件 q 都可真可假，它们的真假组合情况就有 P 真 q 真、P 真 q 假、P 假 q 真、P 假 q 假四种。在这四种情况下，只有 P 真 q 假时，这个充分条件假言命题才是假的。以"如果她是你姐姐，那么她就比你大"为例，以上四种情况就是：

P 真 q 真：她是你姐姐，并且比你大。（这样的人是存在的）

P 真 q 假：她是你姐姐，但是没有你大。（这样的人是不存在的）

P 假 q 真：她不是你姐姐，不过她比你大。（这样的人是存在的）

P 假 q 假：她不是你姐姐，也不比你大。（这样的人是存在的）

以上四种情况中，只有第二种情况是不存在的。也就是说，对于充分条件假言命题来说，只有前件为真后件为假时，它才是假的，其他所有的情况都是真的。

只有有了充足的水分，种子才发芽

有一天夜晚，古希腊哲学家泰勒斯一边走路一边专心致志地抬头观望夜空中的星辰，不小心一脚踩空，掉到一个坑里。

这件事传出去以后，有人嘲笑他虽然能认识天上发生的事情，却看不到自己脚下的东西。后来，黑格尔评论说："只有那些永远躺在坑里，从不仰望星空的人，才不会掉进坑里。"

黑格尔所说的"只有那些永远躺在坑里，从不仰望星空的人，才不会掉进坑里"是一个必要条件假言命题。"只有……才……"是必要条件假言命题的常用逻辑连接词。如果说充分条件假言命题的特点是"有 A 就有 B"，那么必要条件假言命题的特点就是"没有 A 就没有 B"。

例如：

只有有了充足的水分，种子才发芽。

在这个例句中，"有了充足的水分"是"种子发芽"的必要条件。如果把它的前件"有了充足的水分"用 P 来表示，后件"种子发芽"用 q 来表示，那么上面这个必要条件假言命题的逻辑形式就是：

只有 P，才 q

"只有……才……"在逻辑中一般用符号"←"（读作"逆蕴涵"）表示，因而必要条件假言命题的符号表达式是：

P←q

必要条件假言命题的前件 P 和后件 q 都可真可假，它们的真假组合情况就有 P 真 q 真、P 真 q 假、P 假 q 真、P 假 q 假四种。在这四种情况下，只有 P 假 q 真时，这个必要条件假言命题才是假的。以"只有有了充足的水分，种子才发芽"为例，以上四种情况就是：

P 真 q 真：有了充足的水分，并且种子发芽了。（这种情况存在）

P 真 q 假：有了充足的水分，但是种子没有发芽。（这种情况存在）

P 假 q 真：没有充足的水分，种子也发芽了。（这种情况不存在）

P 假 q 假：没有充足的水分，并且种子没有发芽。（这种情况存在）

以上四种情况中，只有第三种情况不存在。也就是说，对于必要条件假言命题来说，只有前件为假后件为真时，它才是假的，其他所有的情况都是真的。

必要条件假言命题在日常语言中具有多种形式，例如"只有有了充足的水分，种子才发芽"这一命题还可以有以下表达方式：

有了充足的水分，种子才发芽。

除非有了充足的水分，种子才发芽。

除非有了充足的水分，不然种子不发芽。
除非有了充足的水分，否则种子不发芽。
除非有了充足的水分，种子不发芽。
种子不会发芽，除非有了充足的水分。
如果没有充足的水分，种子就不发芽。
没有充足的水分，种子就不发芽。

上8个句子中，最后的两个其实是"如果不……那么"的形式。很多必要条件假言命题是用这种双否定的充分条件的形式来表示的，当然在这些充分条件中不一定出现"如果"、"那么"、"就"这些连接词。例如下面这些句子虽然都是充分条件的句式，但都可以理解为必要条件：

如果认识不到落后，就不会改变落后。

不破不立。

没有规矩，不成方圆。

不入虎穴焉得虎子。

非淡泊无以明志，非宁静无以致远。

你不来，我就不去。

在下面的这段对话中，孔子就用了一连串的"如果不……那么不……"的句式来表明他的理论：

子路曰："卫君待子而为政，子将奚先？"子曰："必也正名乎！"子路曰："有是哉，子之迂也！奚其正？"子曰："野哉，由也！君子于其所不知，盖阙如也。名不正，则言不顺；言不顺，则事不成；事不成，则礼乐不兴；礼乐不兴，则刑罚不中；刑罚不中，则民无所措手足。故君子名之必可言也，言之必可行也。君子于其言，无所苟而已矣。"

智用隐含命题

　　隐含命题就是通过含蓄的方式表达自己的观点，也就是说在一个命题中包含另外一个命题，被包含的命题，才是表达者真正的意图。隐含命题的好处是，当有些话不便直接说出来时，采用隐含命题的方式说出来，可以避免出现尴尬的场面。例如，与人谈话时，电话突然响了，对方要求你去车站接他，你可以这样说："哦，恐怕不行，朋友在这儿呢，一时半会儿抽不开身。"这时候，对方识趣的话自然会立刻告辞。这句话的命题是"朋友在，抽不开身"，隐含命题则是"朋友需要我去车站接他，我们的聊天就到此为止吧"。为了准确把握对方的内心想法，这就要求作为听众的一方，必须懂得对方的"弦外之音"和"言外之意"。

　　孙伟在外打工几年后回家乡办了一个服装厂，曾经的邻居都成了自己的员工。让孙伟头疼的是，服装厂的管理很难做。大家都是熟人，还有不少人是孙伟的长辈，而且他们过去都是农民，自由惯了的，一下子很难改变。

　　就拿昨天中午来说吧，孙伟到车间考察，居然发现有几个工人在抽烟。而在他们头上就有一块写着"禁止吸烟"的牌子，这不是明目张胆地违反纪律吗！如果不加以禁止，不但很难管理其他人，还会为厂子的安全埋下重大隐患。于是，他大步走到那几个吸烟的工人面前，正准备狠狠地训斥他们一番，才发现这几个人都是他同姓的叔叔、伯伯，直接训斥显然会伤害大家的感情，但是不禁止又不行。

　　孙伟眼珠一转，笑着从兜里掏出一包"中华"，递给他们一人一根，然后真诚地对他们说："各位叔叔、伯伯，我们一起到外面抽烟吧。"

几个工人听后立即明白自己违反了纪律,而老板还在为自己保全面子。于是,他们都自觉地到外面吸烟了。从那之后,再也没有人在车间里面吸烟,因为有这几个叔叔、伯伯帮助孙伟看着大家。

没有人会不犯错,面对别人的错误,如果直接指责,只会招来对方强硬的反抗和反感;而如果换成巧妙的暗示,委婉的提醒,让对方意识到自己的错误并且加以改正,则会受到对方的欢迎。故事中孙伟是如何利用隐含命题的呢?孙伟说:"各位叔叔、伯伯,我们一起到外面抽烟吧。"的命题就巧妙地隐含了另一个命题:"请你们不要在车间里抽烟,这样会引发火灾。"孙伟的话表面上邀请叔叔、伯伯们到外面一起抽烟,实际上是在警告他们,车间内"禁止吸烟"。

有位女孩在珠宝店做销售工作。一天,珠宝店里来了一位衣着光鲜的年轻人。这位年轻人目光游移不定,表面上是在看柜台里的项链,实际上在用眼角的余光窥视相邻柜台里的钻戒。年轻人徘徊一会儿后,将脚步停留在钻戒柜台前,示意女孩将钻戒从柜台里拿出来。出于职业习惯,自年轻人进店后,女孩就格外留意他。

来的都是客,既然年轻人要求看钻戒,女孩也不好说什么,只得照办。就在她把装有6枚钻戒的托盘拿出来,还没来得及放到台面上时,年轻人看似一个不经意的动作,刚好碰到了托盘。里面的钻戒瞬间从托盘里掉落到台面上。年轻人一边说对不起,一边帮女孩把散落的钻戒重新放入托盘内,然后借故离开。

自己从柜台里取出时明明是6枚,现在却少了一枚,女孩的警觉得到了验证。就在年轻人刚要迈出店门时,女孩叫住了他:"对不起,先生!"

年轻人犹豫了一下,转过身来,问她有什么事儿。此时,女孩说道:"先生,你也知道,现在找工作非常难,这是我的第一份工作,我非常珍惜,不想失去它。"

年轻人马上明白女孩的意思了,脸上带着愧意,说:"的确如此,现在就业很困难。"

女孩又说:"如果现在站在柜台里面的是你,我想你也会珍惜这份工作。"

听到这话,年轻人走到女孩面前,伸出右手,说:"祝福你拥有这样一份体面的工作!"

女孩立即伸出手来迎接他的"祝福",然后以十分柔和的声音说:"也祝你好运!"钻戒就在年轻人的手掌里,女孩高兴地拿回了失去的钻戒。

在这个故事中,女孩是睿智的。当发现钻戒丢失以后,女孩知道是被年轻人偷走了,但她没有直接说出来,而是用"先生,你也知道,现在找工作非常难,这是我的第一份工作,我非常珍惜,不想失去它"这样的命题,其中隐含的命题是"你偷了我的钻戒,赶快拿出来"。女孩用隐含命题的说话方式既给自己留有余地,也给足对方面子。如果说得太绝了,万一不是年轻人偷的,而是掉到其他地方了,女孩就会显得很被动很尴尬。当她用隐含命题的方式告诉对方后,对方立刻就明白了,赶紧把钻戒归还给女孩。

直言命题的利与弊

简单地说,直言命题就是肯定事物或事情的某种性质,又称为性质命题。直言命题通常的表述为:所有(有的)S是(不是)P。下列几个例子就是直言命题:

(1)共享单车是方便市民出行的交通工具之一;

(2)孩子是祖国的未来;

（3）中国的首都是北京；

　　（4）电视、汽车、冰箱等商品是工人生产出来的；

　　（5）网红是一种流行趋势。

　　可以说直言命题是肯定句，对事物或事情做出肯定，这种肯定让人信服，不会产生疑虑。当然，直言命题同样需要事实作为支撑，缺乏事实的观点是站不住脚的、是苍白无力的、是不能让人信服的。如果你在说出一个观点的同时说出一个或多个事实，自然就提升了自我价值。

　　林玲想换个新发型，不知是烫卷好还是拉直好，当看到卷发女生从身边走过，她觉得卷发好；当长发女生从身边走过时，她又觉得长发好。就为换发型这件事，林玲纠结了好一阵子。当她把自己的苦恼讲给张楠听后，张楠告诉她："烫卷发吧。""为什么要烫卷发呢？难道我把头发拉直，留长发不好看吗？"林玲有些不解，问道。张楠说："留长发当然好，不过我个人认为卷发更适合你。"林玲问："理由呢？"张楠说："现在工作了，卷发显得人成熟一些。你的头发那么长，拉直的话，就没有了质感。你看晓红，刚刚烫的卷发，多好看呀。"林玲接受了张楠的看法，烫了卷发，显得既成熟又有气质。

　　叶婷交了一个男朋友，本该享受爱情甜蜜的日子里，她却高兴不起来，反而表现出很痛苦的样子，究其原因，原来男友没对她说"我爱你"这三个字。平心而论，叶婷很爱对方，担心失去他，就是因为耳边缺少这三个字，给她造成一种错觉，使她错误地认为，男友不爱她，和她在一起是逢场作戏。张楠知道情况后，安慰道："你的男友很爱你，不要疑神疑鬼的。"叶婷却说："可是我心里总不踏实。"张楠说："'我爱你'这三个字固然重要，对方没有说出口，不能说明不爱你。你仔细回忆一下，你们交往的过程中，是谁在你半夜发烧时，第一时间赶到你身边，陪你去医院？是谁在你生日来临之际，费尽心机给你准备生日晚会？是谁听说你喜欢喝汤，就变着法儿给你煲汤……通过这些行为，足以证明他是真心爱你的。"听了张楠列出的一大堆"好处"后，叶婷打消顾虑，不再对男友产生疑虑，事实证明，张楠的话是正确的。

上面的故事中，张楠的回答就是直言命题，当面对林玲的犹豫，如果张楠只说"卷发好"，林玲肯定不相信，但她把晓红烫卷发作为依据，说明"卷发好"，林玲才相信。如果张楠只对叶婷说："你的男友是爱你的。"叶婷会更加郁闷，她可能会想：他爱不爱我，我都不知道，你怎么会知道呢？难道你比我还了解他吗？但是，张楠把以前叶婷在朋友面前晒出的幸福作为依据，来佐证"你的男友是爱你的"这个观点。通过张楠说出的这些证据，叶婷意识到男友是爱自己的，痛苦、不开心是自己"作"出来的。

生活中，直言命题有时也会给我们带来不少烦恼。所以，当我们需要用直言命题时，一定要考虑周全，否则的话，就会对自己不利，使自己处于被动局面。

唐瑞是一家公司的招聘专员。一次，领导说销售部最近缺两个有经验的销售主管，但是条件比较苛刻，年龄不能太大，还要本科以上学历，最关键的是要在一周之内找到合适的人。领导问唐瑞有没有问题，唐瑞信心满满地说："没问题，包在我身上！"

接下来的几天，唐瑞到处发布招聘信息，不断地打电话通知人来面试。但是应聘的人每次到销售总监那里都被否定，唐瑞问起原因也只是得到一句"不符合条件"的答案。

一周过去了，还是一个人也没有招到。当领导问唐瑞怎么回事时，唐瑞一个劲儿地指责销售部条件太苛刻，简直就是故意刁难人。领导说："刚开始我就跟你说过，他们这次招人的条件比较苛刻，你却跟我说没问题。现在又反过来埋怨别人，这就是你工作的态度吗？"

面对领导的质问，唐瑞哑口无言。

唐瑞正在气头上，同事尹霞又来说她之前在网上发布的招聘信息有一点小问题，需要改正。唐瑞没好气地说："有一点小问题你自己改一下不就好了，至于还来跟我说一声吗？我看你就是想看我笑话！"

尹霞本来是好意，没想到被唐瑞这样一顿抢白，非常难过，就回了几句嘴。就这样，俩人你一句我一句吵了起来。最后，唐瑞非常气愤地和尹霞说："从今天起，我们断绝所有关系，井水不犯河水！"

谁知这话说完刚过一个月，尹霞就被提升为人事部主管，成了唐瑞的顶头上司。而唐瑞之前说过"断绝所有关系"的狠话，不知道该如何面对尹霞，只得辞职了。

在这个故事中，唐瑞被自己的直言命题害惨了。当领导问她一周能否招到人时，她的直言命题是"没问题，包在我身上！"一周后，未能完成当初的承诺，遭到领导的批评。第二个直言命题是"从今天起，我们断绝所有关系，井水不犯河水！"正是由于这个命题，导致她不得不辞职。

世上没有绝对的事，凡事都有意外。所以，在任何人、任何事面前，尽量不用"没问题"、"断绝所有关系"这样的直言命题。话不能说得太满，事不能做得太绝，凡事都应该留一线，这样即便是全力以赴仍然没有取得好的结果，也有后路可退。

如果唐瑞在面对任务时，不用直言命题"没问题，包在我身上！"而是用"我尽力而为，如果有什么问题再向您请教"，也不至于使自己陷入绝境却又被指责；如果在和尹霞闹别扭的时候，唐瑞不用直言命题"断绝所有关系"这样绝对的话，也不至于使自己日后无法面对尹霞而失去工作。

所以说，使用直言命题时，一定要慎重，该用的则用，不该用的时候，尽量别用。直言命题是一把双刃剑，既可以"快刀斩乱麻"，也会伤及手指，一定要把握好度。

并非我毕加索的杰作

世界著名绘画大师毕加索毕生反对侵略战争。第二次世界大战期间，德军占领法国后，经常出入于巴黎的毕加索艺术馆，毕加索对此很气愤。

有一次，毕加索在艺术馆的出口处，向每一位从艺术馆出来的德国军人发一幅他的名画《格尔尼卡》的复制品，这幅画描绘的是德国军机轰炸西班牙的城市格尔尼卡后的凄惨状况。在这些德国军人中，有一位盖世太保的头目，他同样也得到了一幅复制品。这位盖世太保头目看到后，顿时大怒起来，立即让手下把毕加索押过来，指着画说："这是你的杰作吗？"

毕加索严肃地说："这并非是我毕加索的杰作。"

毕加索的回答是个负命题。负命题是一种特殊的复合命题，它是否定某个命题的命题。例如：

并非所有天鹅都是黑的。

并非如果刮风则下雨。

负命题是对一命题加以否定而成的。被否定的命题称作原命题。显然，负命题否定的是原命题本身，而不是原命题中的某一部分。负命题是一种复合命题，被否定的原命题是它的子命题。负命题和前面介绍的复合命题不同，它只有一个肢命题。负命题的肢命题既可以是一个简单命题，也可以是任何复合命题。

负命题不同于性质命题中的否定命题。如：

任何事物都不是绝对静止的。

这是一个全称否定命题，并不属于负命题。否定命题只是否定对象具有某种性质，它是简单命题。负命题则是对某个命题的否定，属于复合命题。

否定词"并非"是用来构造复合命题的，实际上是一种连接词。

如原命题为"P"（这里的P可以表示某个简单命题或某个复合命题），其负命题则为"非P"。否定词一般置于一个命题前面或者后面，其标准形式是"并非P"，"并不是P"。日常语言中也用"P是假的"来表示。上例中毕加索的回答"并非我毕加索的杰作"，就是一个负命题，它是对"这是毕加索的杰作"这一命题的否定。由于负命题是对整个原命题的否定，因而它和原命题之间的真假关系是矛盾关系，即：原命题真，其负命题必假；原命题假，其负命题必真。反之亦然。

第三章

规律：时刻让自己的思维保持清晰状态

逻辑规律又称思维的基本规律或思维规律。包括同一律、矛盾律、排中律和充足理由律。它们是各种思维形式的特殊规律或规则的依据。传统逻辑基本规律对人们的思维具有规范作用，不遵守这些规律的要求，思维就会出现混乱和错误。

经理的大会报告

同一律是逻辑思维基本规律之一，它要求在同一思维过程中，每一思想都必须保持自身的确定和同一。它的公式是"A 是 A"。这里的 A 表示概念或者命题。同一律要求在同一思维过程中，每一个概念、每一个命题都是确定的，不能改变的。如果在同一个思维过程中概念不确定，就犯了"混淆概念"或者"偷换概念"的错误；如果是命题不确定，就犯了"转移论点"或者"偷换论题"的错误。"偷换概念"或者"偷换论题"是指故意的，而"混淆概念"或者"转移论点"则不是故意的。

某经理在全体职工大会做报告时说："今天我着重讲一讲如何创一流服务的问题。当今企业之间竞争十分激烈。创一流服务是竞争胜利的必备条件，那么，什么是市场竞争呢？市场竞争就是市场主体为争夺经济利益而进行的角逐和较量。竞争具有利己性、强制性、排他性、自发性、风险性等特点。竞争分为有益竞争和有害竞争。竞争的结果是优胜劣汰。有的同志对现代经济生活中的这一新现象还不认识，这就需要学习。人的知识是从哪里来的？不是从天上掉下来的，人不是生而知之，大家都需要刻苦学习，不学习无以成大器。古代历史上就有头悬梁、锥刺股之说，听说有些同志晚上从不看书，不是喝酒，就是打麻将，闹得四邻不安，邻里关系十分紧张，这里就有一个搞好邻里关系的问题。邻里关系搞不好，是社会的不安定因素。国家领导人一再强调安定团结的重要性。邻里关系搞好了，相互间也有个照应，出门也放心。否则，贼将你家偷光也没人管……"

这位经理本来要讲提高服务质量的重要性，但在议论这个问题时，先是大谈什么是竞争，接着又扯到学习的重要性上，继而又谈起搞好邻里关系的重要性。整个议论过程东拉西扯，把原定的论题抛在一边，犯了"转移论题"的错误。

同一律要求人们使用的概念要有确定的内容，也就是要有确定的内涵和外延。当概念保持了确定性后，建立在概念基础上的判断和推理也可以保持确定性。反之，就会出现概念混乱、判断不恰当、推理不符合逻辑的情形。

所以，同一律在思维或表述中的作用就在于保证思维或表述的确定性。思维只有具有确定性，人们才能正确地认识和反映客观事物及其规律；表述只有具有确定性，人们才能够进行正常的思想交流。但是必须明确一点，形式逻辑的同一律绝不是说事物本身是绝对同一的。同一律不是世界观，它并不否认客观事物本身的发展变化，也不否认客观事物自身所包含的各种差异，它只是强调思维或表述所使用的概念、判断要始终保持一致。如果不这样，所使用的概念或判断时而是这种含义，时而又是另一种含义，人们的思维或表述就会因此而变得混乱不堪，这样一来，就既谈不上对客观世界的正确认识，也谈不上相互之间正常的思想交流。

旅 行 者

冬季的深夜，在一个边远的小镇上出现一名长途跋涉的旅行者，他又饥又渴，步履艰难地走进了一家餐馆。

"老板，请问肉夹馍多少钱一份？"

"3块钱一份！"

"请给我拿两份。"

老板给了客人两份馍，旅行者又问："啤酒多少钱一瓶？"

"6块钱一瓶！"

"现在我感到特别渴，我想用两份肉夹馍换一瓶啤酒，可以吗？"

"当然可以。"老板不假思索地答道。

老板收起肉夹馍，拿来一瓶啤酒，旅行者"咕嘟咕嘟"一饮而尽，嘴巴一擦，然后背起背包就要往外走。老板急忙叫住他，客气地说："先生，你还没有付钱。"

旅行者瞪了老板一眼，不耐烦地说："干什么？"

"先生，对不起，您还没有付啤酒钱呢？"

"我不是用肉夹馍换的啤酒吗？"

"可是肉夹馍钱您也未付啊，先生！"

"我没有吃你的肉夹馍，为什么要我付肉夹馍的钱啊？"

"是啊，他没有吃我的肉夹馍。"老板想，一时间思维短路了，被噎得不知道说什么。这么会儿工夫，旅行者已经消失在茫茫夜色中了。

这则故事中，旅行者故意使用"偷换概念"和"转移论题"的逻辑错误迷惑店主，使得店主一时蒙住了。故事中旅行者把"没有付钱的肉夹馍"偷换为"已付钱的肉夹馍"，从而用肉夹馍兑换了啤酒。他又把"用肉夹馍兑换到的啤酒"和"用来兑换啤酒的肉夹馍"这两个相同的概念混为不同的概念。

所以当餐馆老板要求付款时，他就巧妙地将"没付钱"转移为"没吃"，从而达到赖账的目的。

保 留

新兵入伍必须先到军营理发室把长发理掉。

小伙子比尔坐到理发椅上,怀着惜别的心情望着镜子里照出的自己那一头心爱的长发。他万万没有想到,理发师用非常和蔼的口气问他:"小伙子,你想保留两耳边的长鬓吗?"

比尔受宠若惊,连忙问道:"可以吗?"

"当然可以。"理发师微微一笑,接着操起理发工具,"嚓嚓嚓"几下,利索地把比尔的长鬓剪下,顺手装入一个信封里,说:"请保留好,做个纪念吧!"

比尔最初还以为理发师所讲的"保留",是指不把他的长鬓剪掉,他万万没有想到,结果却是理发师要他保留已经剪下来的长鬓。这里,理发师所讲的"保留"和保留什么,与比尔所理解的"保留",保留什么,显然是不同的概念。他们俩的这次交流,显然不是在遵守同一律的基础上进行的。对于比尔来说,虽然最初只不过是白高兴了一场,然而理发师的幽默却一定会给他留下深刻的印象。比尔最初之所以误解了理发师所讲的"保留",原因就在于理发师所讲的"保留"在当时特定的环境下是有歧义的,它既可以做这种解释,又可以做那种解释。这种歧义语词,用在这样的幽默中,从造成喜剧效果的意义上讲,其用法是巧妙的,作用也是积极的。

然而,在实际思维与表述中,大量的歧义语词或歧义语句却并没有这种积极意义,它们在思维或表述中的出现往往是造成人们违反同一律,从而产生混淆概念、转移论题等错误的一个重要原因。我们常常会发现,在一些辩论中,辩论的双方往往抓住同一个语词或同一句话在那里大做文章、争论不休；然而争来争去，到最后才发现，原来双方争论的并不是同一个问题，而是对于同一个语词或同一个语句由于争论双方各自的理解不同而在那里争论。这种争论的结果往往是争论双方都浪费了许多时间和精力，到最后还得回过头来重新消除歧义，重新统一认识。

因此，为了保证人们的思想交流与争论能够在遵守同一律的基础上进行，我们在使用语言表述思想时，必须注意表述的明确性，只有清楚确切的表述，才不至于有歧义问题的出现，才不至于引起人们的不同理解。在讨论问题的过程中，如果我们一旦发现有歧义的语词或语句，应该首先和对方一起消除歧义，弄清争论的问题到底是什么。对于某些含义笼统的表述，该限制的要加以限制，该增加说明的要增加说明；对于某些没有说清楚的问题，该澄清的要加以澄清，该解释的还需要进一步给以必要的解择。

白字与"白"字

中秋节前，一家食品店的门前挂出了一块招牌，上写："中秋日饼已到，欲购从速。"有位顾客看后，知道写了个别字，就对售货员说："你那门口招牌上月饼的'月'写的是个白字。"售货员一听，禁不住笑道："亏您还认得一个'白'字，那不是'白'，'白'字头上还有一撇呢。"

白字与"白"字是不同的，白字指的是读错或写错的字，而"白"则指的是"白"这个字。售货员自己不知道"曰饼"中的"曰"是个白字，反而还要笑话别人把"曰"读成了"白"，这种在无知基础上所造成的混淆概念，真是令人哭笑不得。假如这位售货员知道"月饼"的"月"怎么写，或者知道"白字"指的是什么，那么这种混淆概念的错误是完全可以避免的。

以上售货员的这种混淆概念，其具体表现属于混淆了解词的他指与自指。

当一个语词用来指称某一种事物或事物的属性时，这叫语词的他指。例如"人是有感情的"这句话中的"人"指的是人这一类事物，因此，这属于"人"的他指。

当一个语词只是用来指称它自身时，这叫语词的自指。例如，在"'人'是两笔写成的"这个语句中，"人"只是表示"人"这个语词自身，因此，这属于"人"的自指。为了区别语词的他指与自指，在书面语中，自指语词往往是带引号的，在口语中人们则往往在自指语词之后加上"这个语词"、"这个字"之类的说明成分。例如，"人这个字是两笔写成的"、"白这个字头上还有一撇"，这些说法，都是就语词的自指而言的。

在实际思维与表述中，混淆了语词的自指与他指，就会违反同一律，犯混淆概念的错误。

老师在黑板上出了一道题：8÷2=？然后，他对学生说："大家好好想一想，把8分为两半，应该是多少？"

其中，有一位学生很快回答："应该是两个'0'。"

另一位学生则说："那是上下分开，若左右分开，这是两个'3'。"

这则小故事中所讲的两位学生，就都是混淆了语词的他指与自指。老师所讲的"8"，指的是一个数，这是他指，而两位学生所理解的"8"却是"8"这个符号（也是一种语词）本身，这属于"8"的自指。由于这两个学生把"8"的他指与自指混淆了，所以，他俩的思维和表述都违反了同一律，从而都犯了混淆概念的逻辑错误。

我是我父亲

汤姆贪玩,于是他学着他父亲的腔调给老师打电话说:"罗伯特先生,我的孩子汤姆病了,可能三四天之后才能到学校上课去。"

老师听出了是汤姆的声音,便问:"哦,汤姆病了?那您是谁呀?"

汤姆说:"我是我父亲呀!"

以上对话中,汤姆告诉老师他是谁时说了一句不能自圆其说的话,在这句话中,他同时肯定了自己既是自己,又是自己的父亲,这从逻辑上讲就叫违反了形式逻辑基本规律中的矛盾律。

所谓矛盾律是客观事物相对稳定性和确定性在人们思维中的反映。由于客观事物在一定的发展阶段具有相对稳定性,所以在这一阶段它不可能既是某物又不是某物。正是客观事物发展的这个简单事实,经过千百万次的实践反映在人们的思维中,便形成了矛盾律。可以用如下公式来表示:A 不是非 A。

"A 不是非 A"也不是简单的同语反复,而是要求在同一个思维或表述过程中,对两个相互排斥的思想不能同时都予以肯定。如果同时肯定了两个相互排斥的思想,那么,思维或表达就会犯自相矛盾的逻辑错误。

例如,常听到有些人在开会时说这样的话:"时间不早了,也该散会了,因此今天我不讲了,只讲三句话。"既然已经肯定了"今天我不讲",怎么还能再说"只讲三句话"呢?只讲三句话,那也说明今天我还讲,"我讲"与"我不讲"作为两个相互排斥的思想,在同一思维或表述过程中是不能同时存在的。因此,这样的思维或表述就是违背了矛盾律的要求，犯了自相矛盾的逻辑错误。

在概念方面，矛盾律要求在同一思维或表述过程中，不能用两个具有矛盾关系或具有反对关系的概念来指称同一对象。例如"方"与"圆"这是两个具有反对关系的概念，我们不能在同一思维或表述过程中同时用这两个概念来指称同一种几何图形，也即我们不能说"方的圆"，也不能说"圆的方"。因此，"方的圆"、"圆的方"是自相矛盾的概念，这些概念是没有确定内容的，是不能指称任何对象的。这样的概念也叫"自毁概念"。

在判断方面，矛盾律要求在同一思维或表述过程中，不能同时肯定两个具有矛盾关系或具有反对关系的判断。例如，在同一思维或表述中，对于"这支笔是在北京买的"和"这支笔不是在北京买的"这样两个具有矛盾关系的判断，就不能同时都予以肯定；对于"这支笔是在北京买的"和"这支笔是在南京买的"这样两个具有反对关系的判断，也不能同时都予以肯定。两个具有矛盾关系或具有反对关系的判断，都是不能同真，必有一假的。

在判断方面因为违反矛盾律的要求而犯了自相矛盾错误，其表现是多种多样的。下面仅就其中的两种表现形式做简单说明。例如："我基本上完全赞同你的意见。"

"基本上赞同"说明有的还不赞同，而"完全赞同"则指的是所有的都赞同。一句话中，既包含了"有的不赞同"，又包含了"所有的都赞同"，这句话还能成立吗？像这一类的自相矛盾属于同一句话本身表达了两个自相矛盾的判断。这样的自相矛盾也叫"自语相违"。"我是我父亲"就属于这一类的自相矛盾。

另一种自相矛盾则是由于在同一个思维或表述过程的前后，同时肯定了两个具有矛盾关系或具有反对关系的判断。例如：

病人："我的记忆完全消失了。"

医生："什么时候才开始消失的呢？"

病人："去年 8 月 28 日。"

在以上对话中，病人的前后两句话就是自相矛盾的，这种自相矛盾就属于以上所讲的自相矛盾的第二种情形。

从上面的叙述中可以看出，矛盾律的作用就在于保持思维与表述的首尾一贯，避免自相矛盾，而矛盾律要求思维与表述不自相矛盾，实际上也就是要求思维与表述要有确定性。与同一律所不同的是，它是从"A 不是非 A"这样一个角度去进一步强调思维与表述的确定性的。

跛子偷了锅

包拯自小就养成了这样的一个好习惯：他从不把今天的事留到明天去做。他做官以后，对公务更是从不拖拉，每件事都处理得井井有条。

这一天，包拯正伏在公案上聚精会神地批阅公文，他一页一页看着，一字一句地批改着。忽然门外一阵吵嚷声，只见一个小贩拉着一个只有一只胳膊的跛子走进公堂，要打官司，小贩口口声声说这个跛子偷了他 5 口铁锅。

包拯连忙收起公文，看了看下面，问道："你们为何争吵？"小贩见包大人发话，连忙跪在地上说道："禀告大人，为了生计，我一直做卖锅的生意。前天晚上，我将卖剩下的锅放在院中，不料，早晨起来一看，一下子少了 5 口锅。包大人！我们全家仅靠卖锅赚来的钱维持生活，这 5 口锅的钱，我们卖上半年也赚不回来，这叫我们以后怎么过日子啊！"

小贩越说越伤心，竟然大声哭了起来。包拯见小贩说得真切，问道:"你的锅丢了,怎么知道是他偷的呢?"

小贩忙擦了擦眼泪,又说道:"锅被偷了,我们全家当然不甘心,昨天夜里,我们守了一夜,直到下半夜,小偷才悄悄地摸进院子,拿着铁锅正想溜,就被我们抓住了。一看,就是这个跛子。现在人赃俱获,他还死活抵赖不认账,请包大人为我做主啊!"

跛子见包大人神色愠怒,连忙将跪着的双膝向前移动了几步,像是很气愤,又像是很悲戚地申辩说:"青天大老爷,这小贩真是平白无故地冤枉好人!我只有一只手臂,腿又跛得厉害,连走路都很不方便,哪有力气去偷那又大又重的铁锅呢?请大老爷公断,还我清白!"

包拯见小贩老实巴交,不像是在诬陷好人,又觉得跛子说的也有道理,一下子为难起来。但包拯认真地将情况分析了一遍,眉头一皱,计上心来。他把惊堂木一拍,对锅贩子喝道:"他手脚不便,怎么能偷你的锅呢?分明是胡说!"接着又对跛子说:"这锅贩子诬告你,使你蒙受了冤屈。为了补偿你的名誉所受的损失,本官决定将这口锅赏给你,你拿走吧!"

这一出乎意料的判决,使跛子高兴得差一点跳了起来。他咧着大嘴笑呵呵地一跛一拐地走到锅前,很灵便地用仅有的一只手抓住锅口,然后迅速弯下腰,毫不费力地将锅顶到头上,然后扬扬自得地向外走去。

包拯见状,怒气冲冠,一拍惊堂木,大声斥道:"好一个骗人的强盗,公堂之上,竟敢编造谎言,欺骗本官。我因不知道你是怎样盗走铁锅的,才故意将这口锅赏给你,你以为就没事了。看来,你偷盗的本事还不小,还不快快从实招来!"

跛子见露了马脚,又看到公堂上的人个个都怒视着他,吓得面如土色,再也不敢抵赖了,只好趴在地上求饶:"铁锅是小人……小人……偷的。那5口锅全都藏在小……小人家后院的稻草中。我认罪,我认罪,请大老爷饶命!"

包拯依法判决，把跛子偷去的铁锅全部归还了小贩，又将跛子重重责打了30大板，赶出了公堂。小贩拿到了5口铁锅，连连叩谢包大人，然后高高兴兴地回家去了。

这个案子本来是不好断的。双方都没有证人作证，又没有查获到5口锅的赃物。原告与被告各执一词，一说跛子偷锅，一说自己残废没有办法偷，真是水火不相容。为什么包公能在较短的时间里排难解疑，做出正确的决断呢？一个重要的原因，就是包公在判案过程中，运用了逻辑学的基本规律——矛盾律。

现在，来分拆一下包公在审理此案中的思维过程。

一个卖铁锅的小商贩，告发一个独臂的跛子偷了他的铁锅，这时，在包公面前只能有两种可能的判断：

（1）锅是跛子偷的。

（2）锅不是跛子偷的。

这是两个互相矛盾的判断，根据矛盾律的规定，不可能两个判断同时都是真的，其中必有一个是假的。一开始，包公是想通过讯问被告人和原告人来断定哪一个判断是真的，但是遇到了困难，双方各执一词。虽然卖锅的说自己亲眼看见跛子偷锅，而且他外貌憨厚，不像是诬告陷害好人之辈，但是光凭这几点不足以证明锅"是跛子偷的"这个判断是真的。因为，独臂跛子说自己手脚残废，没有办法把锅偷走，听起来也很有几分道理。

于是，包公转念一想，不妨先试探一下双方，如果能断定其中的一个判断是假的，那么，这个案件也就解决了。跛子说锅不是自己偷的，他的理由就是：自己是个跛子，而且只有一只手臂，没有办法拿锅，包公认为只要把独臂跛子是不是真的没有办法拿锅这一点搞清楚，就可以断定"锅是不是跛子偷的"了。当包公诈称小商贩诬陷好人，要把铁锅赏给跛子的时候，如果那个跛子果真拿不了铁锅，或者拿起来非常吃力、非常困难，那么，就可以肯定跛子不可能偷锅，更不可能一次偷5口了。然而事实说明这个跛子很善于拿铁锅,这样,独臂跛子在审讯时,说自己不能拿锅,而在行动上却很会拿锅,在拿锅这个问题上,跛子就违背了矛盾律的要求,前后不一致了。于是也就完全可以断定"锅不是跛子偷的"这个判断是假的了。因此,包公断定锅是跛子偷的。

从上面这个案例,可以清楚地看出,自觉地掌握、运用矛盾律,对于我们正确地思考问题,判断是非,是十分必要的。

矛盾律在思维中的作用,在于保持思维的首尾一致,避免自相矛盾。矛盾律要求人们在同一思维过程中,对于两个具有矛盾关系或反对关系的判断,不应该承认它们都是真的,其中必有一假。

修 门 铃

小李家的门铃坏了,特意去请张师傅去修。张师傅满口答应,说第二天一定去。可是,到了第二天,小李在家整整等了一天,都没见张师傅的影子。第三天,小李问张师傅:"咱们不是说好昨天你去我家修门铃的吗?怎么没去呢?"张师傅说:"谁说我没去?我去了好几次,可每一次去按门铃,你们家都没有人来给我开门,因此我只好走了。"

上面对话中,"好门铃"和"坏门铃"这是两个具有矛盾关系的概念。在同一思维或表述过程中,不能用"好门铃"和"坏门铃"来同时表示小李家的门铃,不能说小李家的门铃是"好的坏门铃",因为这样的概念是自相矛盾的,没有确定内容的。

小故事中的张师傅既然已经答应小李,第二天去他家修门铃,这说明他已经知道小李家的门铃是坏门铃了。可是,第二天,当他去小李家时又把小李家的门铃当好门铃使用了,那么,现在要问,在他的思维中,小李家的门铃到底是坏门铃呢,还是好门铃呢?如果是坏门铃,为什么还要使用它来叫门?如果把它当作了好门铃,为什么又要去修它呢?显然,张师傅的思维是自相矛盾的,由这样的思维所支配的行动也是非常可笑的。

不过,也有可能张师傅根本就没有去过小李家,他见了小李后说的那些话全是他为了糊弄小李而瞎编的。如果是这样,那他编的这一套瞎话就陷入了表述上的自相矛盾之中。编瞎话起码也应该能够自圆其说,不能自圆其说,前后自相矛盾,这不是自己打自己的嘴巴吗?

从以上的小故事,还可以看出,不仅不能用"好的坏门铃"这样自相矛盾的概念来表示小李家的门铃,而且也不能在同一思维或表述过程中同时肯定"小李家的门铃是好门铃"和"小李家的门铃是坏门铃",这样两个相互矛盾的判断。如果在同一思维或表述过程中,用两个相互排斥的概念指称同一对象,那么就不仅会导致产生出自相矛盾的概念,而且也会导致产生出关于这个对象的两个自相矛盾的判断来,而这些都是矛盾律所不容许的。

高 帽 子

两个学生学成毕业,初次被任命去外地做官,临行前,同来向老师道别,老师告诉他们说:"如今这个世道,直来直去不行,逢人要送顶高帽子,才行得通。"

一个学生说:"老师说得一点也不错,现如今,像老师这样不喜欢高帽子的人,能有几个呢?"

老师听了,非常满意。

两个学生从老师那里告辞出来，便相对大笑起来，说："一顶高帽子已经送出去了。"

故事中，这位老师显然认为学生是在夸赞自己的品行，因此非常满意。然而，学生说老师不喜欢高帽子，这本身就是在奉承老师，因此，这话实际上就是一顶高帽子。老师接受了这样的夸赞，同时也陷入了自相矛盾：就他的行为、他的内心本质来讲，他喜欢高帽子；而就他所乐意接受的评价来讲，又是他不喜欢高帽子，接受了自己不喜欢高帽子这句话，也就同时表明了自己喜欢高帽子；这样一来，在他的思维中，就等于同时承认了两个相互矛盾的判断，即"自己不喜欢高帽子"和"自己喜欢高帽子"。

必须特别注意的是：尽管喜欢高帽子是由这位老师接受这句话的行为表述出来的；而不喜欢高帽子又是由他所接受的这句话的内容来表述的，但这两个判断仍然是属于同一思维与表述过程中的判断。也就是说，这位老师仍然是在同一时间、同一关系（即自己与自己的品行之间的关系）下，对于同一对象做出了两个相互矛盾的判断。正因为如此，我们才说，这位老师的思维是自相矛盾的。

当然，类似于这样的自相矛盾，并不属于思维者或表述者有意要在思维或表述中同时肯定两个相互排斥的判断，而是属于一种对矛盾律的不自觉的违反。实际思维与表述中大部分自相矛盾的错误，往往都是由于不自觉地违反了矛盾律而造成的。

因为煤太多了

矿工的儿子问："为什么不生火呢？"

妈妈说："因为没有煤。"

儿子问："为什么没有煤？"

妈妈说："因为你爸爸失业，我们没有钱买煤。"

儿子问："为什么爸爸失业了？"

妈妈说："因为煤太多了。"

从表面上看，妈妈的话是前后自相矛盾的，她在前边说"没有煤"，在后边又说"煤太多了"。

但是，仔细分析一下，妈妈的话并不矛盾，她所讲的"没有煤"，是指自己家里因没钱而买不起煤，她所讲的"煤太多了"是指煤矿开采出的煤太多，以至于卖不出去，作为矿工的爸爸只有失业。妈妈的话从不同的方面深刻揭示了"煤太多"与"没有煤"的关系，这样的表述是绝对不能说成是违反矛盾律的。

与同一律一样，矛盾律也是在一定条件下起作用的。

矛盾律所要排除的两个相互排斥的思想，是指在同一思维或表述过程中，也即是在同一时间、同一关系（同一方面）下，对于同一对象而言的两个相互矛盾或相互反对的思想。离开了这些条件，就谈不上两个思想之间的相互排斥。

例如，当某甲还是学生时，可以做出"某甲是学生"的判断，可当某甲毕业以后不是学生了，这时又可以做出"某甲不是学生"的判断。出于两个判断是在不同的时间条件下讲的，因此，它们并不是相互排斥的思想。

又如，诗人臧克家有这样两句名言："有的人死了，可他还活着；有的人活着，可他却死了。"这两句话是从不同方面表述同一对象的，前一句是说：有的人肉体上死了，可他的精神还活着；后一句是说：有的人肉体上活着，可他的精神却死了。因此，这样的表述并不矛盾，因为其中每一句话所表达的两个判断并不是相互排斥的。

文章开头的对话中，那位妈妈所讲的"没有煤"和"煤太多"由于是从不同的方面讲的，所以它们之间也并不是相互排斥的。矛盾律是说，在同一时间，同一方面，说"没有煤"就不能再说"煤太多"；如果在同一时间、从同一方面，既肯定了"没有煤"，又肯定了"煤太多"，思维或表述就会陷入自相矛盾。

最后，在理解和运用矛盾律时，还必须注意，要把逻辑矛盾与现实矛盾区别开来。

现实矛盾是指事物内部包含着的既互相联系，又互相对立的方面，是事物内部的对立面的统一。这种矛盾是普遍存在的，没有这种矛盾就没有世界。例如民主与集中的矛盾、生与死的矛盾、生产力和生产关系的矛盾等，就都属于现实矛盾。

逻辑矛盾则是指违反矛盾律而形成的思维或表述中的自相矛盾。这种矛盾是正确的思维和表述所不允许的。形式逻辑的矛盾律只要求思维和表述要前后一贯，不能自相矛盾；它并不能解决现实矛盾，也并不否认现实矛盾。分析和解决现实矛盾是辩证法及各门具体科学的任务，但这种分析和解决在思维和表述中同样必须遵守矛盾律的要求。

理发师该不该给自己刮胡子

圣诞节快来临了，先生们纷纷前往理发店理发。某镇只有一个小小的理发店，这可把理发师忙坏了。对于理发师来说，既麻烦又花时间的是刮胡子。为减轻工作量，理发师做出规定：本理发师只给那些不给自己刮胡子的人刮胡子。这样一来，那些偶尔或大部分时间给自己刮胡子的人就享受不了刮胡子的服务项目，自然减轻了理发师的工作量。过了两天，理发师发现自己也胡子拉碴的，需要修刮一下。当他拿起剃刀正要下手刮胡子时，顿时觉得不能给自己刮胡子。因为根据规定，他只能给那些不给自己刮胡子的人刮胡子，一旦给自己刮胡子，他就成了给自己刮胡子的人，所以不得给自己刮胡子。当他放下剃刀不给自己刮胡子时，又觉得必须给自己刮胡子。因为当他不给自己刮胡子时，他就属于那些不给自己刮胡子的人，根据规定，他又必须给自己刮胡子。因此，手中的剃刀举起又放下，放下又举起，反复多次，也决定不了是否给自己刮胡子。聪明的读者，请你给理发师出个主意，他究竟该不该给自己刮胡子？

在上述难题中，由理发师给自己刮胡子推出他不该给自己刮胡子，由他不给自己刮胡子又推出他该给自己刮胡子，如此反复循环。这类逻辑难题就是悖论。悖论是一种包含特殊的逻辑矛盾的判断，由这一判断的真，可推出它是假的；由这一判断的假，又可推出它是真的。换言之，它是一种自相矛盾的恒假命题。悖论包括语义悖论和逻辑数学悖论两类。这里只简要介绍语义悖论。

最古老的语义悖论是古希腊的"说谎者悖论"。它通常表述为："我正在说的这句话是假的。"由此便会产生一个问题："说自己正在说谎的人，他的这句话究竟是不是假的？"对这个问题的回答，就会出现悖论：当他（说谎者）所说的"我正在说的这句话是假的"是真的时，这句话就是假的；当他（说谎者）所说的"我正在说的这句话是假的"是假的时，这句话又是真的。

这种语义悖论可用语言层次理论来解决。语言层次理论认为语言是分层次的，某一层次的语言不能在自身中讨论它的表达式的真假，必须在高一层次的语言中进行讨论。在说谎者悖论中，悖论的产生是由于没有把语言做层次划分，错误地把"我正在说的这句话是假的"记作"P"，把"'我正在说的这句话是假的'是假的"记作"P是假的"，这就把两个不同层次的语言混淆为同一层次的语言，从而使"P"断定了自身是假的。根据语言层次理论，这是没有意义的。当我们明确地把"P"和"P是假的"理解为不同的层次，就不会出现悖论。

而"理发师悖论"的出现,则是由于没有区分"自指"和"他指"。理发师规定"只给那些不给自己刮胡子的人刮胡子",这里的"自己"应是"他指",即指理发师本人以外的他人;而不是"自指",即不是指理发师本人。区分开了"自指"和"他指",排除"自指",自然就不会出现"理发师悖论"。

鳄鱼悖论

有一天,一位母亲在河边带着孩子洗衣服,一条鳄鱼从水中迅速地游过来抢走了母亲的孩子。母亲苦苦地哀求鳄鱼:"我只有这么一个孩子,求求你放了他,你的任何要求我都答应你。"

这是一条具有逻辑思维能力的鳄鱼,它非常得意地说:"那好,我向你提一个问题,让你猜,如果你答对了,我就把孩子还给你;如果错了的话,哼,我就要吃掉他。"母亲答应了。鳄鱼说:"我的问题就是,你猜我会不会吃掉你的孩子?"这位聪明的母亲仔细地琢磨了片刻说:"鳄鱼先生,我想你是要吃掉我的孩子的。"

鳄鱼冷笑,得意地说:"猜对了,我当然会吃掉你的孩子,哈,哈……可是,如果我把孩子还给了你,那我就没吃掉你的孩子,你就猜错了,那我就可以吃掉你的孩子了。"说着,它张开大嘴准备吃小孩。母亲连忙说:"慢着!你刚才不是说,我答对了,你就不吃孩子了吗。现在如果你吃掉了我的孩子,那我就答对了,你就必须把孩子还给我。"

鳄鱼一下子惊呆了,心想:"对呀,如果我吃了小孩,她就答对了。不行,看来不能吃。那么,我应该怎么办呢?"鳄鱼碰到了难题,不知道该怎么办了,它既想吃掉小孩,同时又得把小孩还给他的母亲。

不过，鳄鱼转念一想："如果我把孩子还给她，那么，她就答错了。所以，我就应该吃掉小孩。"这样一想，鳄鱼坚持不把小孩交给他的母亲。

然而，母亲仍然坚持说："你必须把小孩还给我。因为，如果你吃了我的小孩，我就说对了，你就得把孩子还给我。"这个故事是自认为很聪明的鳄鱼自找麻烦，陷入到了一个悖论当中，无论鳄鱼怎样做，都无法兑现自己的承诺。为什么呢？

因为鳄鱼的承诺是：A. 母亲猜对，不吃小孩；B. 母亲猜错，吃掉小孩。在妈妈猜鳄鱼会吃掉小孩之后，鳄鱼只有两种选择，而这两种选择都与鳄鱼原先的诺言相违背。

鳄鱼的第一种选择，把小孩吃掉。该选择的结果证明那位妈妈的猜测是正确的，按照鳄鱼原先的许诺（A），此时鳄鱼应该把小孩还给母亲！所以如果把小孩吃掉了，就违背了自己的诺言。第二种选择，把小孩还给母亲。这种选择的结果证明那位妈妈的猜测是错误的，按照鳄鱼原先的许诺（B），此时鳄鱼应该把小孩吃掉！但是鳄鱼把小孩归还回去，也违背了自己的诺言。

可以发现，鳄鱼悖论与说谎者悖论异曲同工，都是一种否定性的"自我关联"。在说谎者悖论中，引起悖论的那句话（我正在说谎）是对自身的判定，而且是否定性的命题，如果不是对自身的判定（如"他正在说谎"），或者如果不是否定性的命题（如"我正在说真话"），都不会引起悖论。

你是否早就怀恨在心

排中律是指在同一时间、同一关系上，关于同一事物的两个相互矛盾的判断中，必有一个是真的，另一个是假的，而不可能有第三种情况，因而人们对这两个矛盾的判断，必须做出明确的选择，必须肯定其中的一个，否定另一个。就是通常说的"二者必居其一"。所谓"排中"，指的就是排除这二者之外的第三者。违反排中律的要求常常表现为对于是与否、罪与非罪问题上不做出明确的回答，结果就犯了"模棱两不可"的逻辑错误。排中律要求人们的思维具有明确性，但如果遇到"复杂问语"的问题，就不能简单地用"是"或"不是"来回答。因为所谓的复杂问语，往往隐含着某种假定的判断，不理解这种假定判断，直接回答就会上当。

秘鲁小说《金鱼》中有一段这样的故事：

瓜达卢佩船船长拉巴杜要渔工霍苏埃合伙走私。霍苏埃不干，同船长发生格斗。船长失足落海，被鲨鱼吞食。船长老婆向法院起诉霍苏埃谋杀拉巴杜。为此，刑事法庭开审。

庭长问："你对被害人，是否早就怀恨在心？"

"庭长大人，你把称呼弄错了吧。拉巴杜不是被害人，我也不是杀人犯。因为拉巴杜的死亡本来就不是一桩犯罪行为。"霍苏埃纠正道，"这是一件意外事故。"

庭长说："这里是法庭，不要蔑视法律的权威。如何用词是我的事，你是被告人，无论是否有罪，不得无礼。直接回答我的问题就行了。"

霍苏埃说："庭长大人，我从来没有想到过是否怀恨在心。"

根据霍苏埃的回答，庭长判定这不是一桩刑事案件，船长拉巴杜的死是一场意外坠亡。庭长使用的是排中律的方法进行判断的。

故事中，要确定渔工霍苏埃的回答是不是违反排中律，就要先来分析庭长的问话。

庭长的提问，首先肯定了霍苏埃是由于"怀恨在心"而害了船长，进而提出"是否早就怀恨在心？"庭长的这种问话，逻辑上称为复杂问语。所谓复杂问语，就是问语本身隐藏着一个假定的事实，不论答话人做出肯定回答或者否定回答，其结果都得承认这个假定的事实。对庭长的提问，无论回答"是"或"不是"，都等于无形中承认了"船长是被害人"和"对船长怀恨在心"这样的事实，霍苏埃很敏锐，他一方面纠正庭长把船长说成是"被害人"的错误，同时又毫不含糊地表明自己"从来没有想到过是否怀恨在心"。

由此可见，霍苏埃的回答并没有违反排中律。

排中律的内容是：在同一思维过程中两个相互矛盾的思想不能同时为假，必有一真。

排中律的公式是：A 或者非 A。

排中律对概念方面的要求是：在同一思维过程中，一个对象或者是"A"，或者是"非A"，二者必居其一。例如，对于一个自然数来说，它或者是奇数，或者是偶数，二者必居其一。排中律对判断方面的要求是：在同一思维过程中，对于同一对象所做的两个相互矛盾的判断不能都加以否定，而必须肯定其中一个是真的。因此，排中律强调的是由假推真。但仅仅根据排中律也无法确定哪一个判断真，要确定哪一个判断真，同样需要别的条件。

在同一思维过程中，对相互矛盾的两个判断同时加以否定即同时断定它们都是假的，就会犯"是非两不可"的逻辑错误。因此，在同一思维过程中，当没有同时否定几个判断时，根本不可能违背排中律。

违反排中律的原因或者是由于在"是"与"非"之间含糊其辞，持骑墙居中的态度，或者是由于认识模糊，混淆了具有矛盾关系的思想。

一次，一位哲学家带着两个学生到一个朋友家去做客。

他的朋友家里养了两只鹅，一只会叫，一只不会叫。他的朋友吩咐仆人杀掉那只不会叫的鹅招待客人。哲学家对两个学生说："你们看，不会叫的鹅被宰杀了，而会叫的还活着，可见，有才的才能长寿。"吃过饭后，师生三人到屋后山上去玩，看见山上有两株大树，一株高大挺拔，是根栋梁之材；一株长得弯弯曲曲，不能成材。两个匠人正在锯那一株高大挺拔的树。这位哲学家又对两位学生说："你们看，挺拔的成了栋梁之材，被锯掉了，而弯弯曲曲不成材的树则被留着，可见，无才的才能长寿。"两个学生有点听糊涂了，究竟是"有才的才能长寿"，还是"无才的才能长寿"？为了弄清楚这个问题，学生甲提问说："先生的意思是说，有才的不能长寿？"哲学家回答说："我没有这样说。"学生乙问道："先生说的意思是，无才的不能长寿？"哲学家仍然回答说："我没有这样说。"两个学生更加如坠云雾中，茫然不解。

　　长寿与有才之间有没有必然的联系暂且不论。"有才的不能长寿"和"无才的不能长寿"是一对具有矛盾关系的判断，哲学家同时加以否定，违反了排中律的要求，犯了"是非两不可"的逻辑错误。

　　在理解和运用排中律时应注意以下几点：

　　第一，排中律并不否认客观事物本身有可能存在两种以上的情况或某种中间状态。比如，在前和后、好和坏之间客观存在着不前不后、不好不坏的中间状态，或某种过渡形态，排中律是承认的。排中律只适用于非此即彼两种可能的事物情况，而对于存在三种或三种以上可能的事物情况，就不能用排中律去衡量。比如，下象棋的结局有"输、赢、和"三种可能，当一个棋手被问及下棋结局时，他回答"既没有赢，也没有输"，并不违反排中律。因为这不是同时否定两个具有矛盾关系的判断，而是同时否定两个具有反对关系的判断。

　　第二，排中律也并不排除人们在认识过程中，由于对事物情况尚未确认或为跳出对方的陷阱而采取的"二不择一"的态度。

　　第三，排中律不适用于"复杂问语"，不能对"复杂问语"提供的"是"、"非"选择做出简单的肯定或否定，而应当从根本上推翻它；复杂问语是一种隐含着与实际情况不符或对方根本不能接受的假定。对"复杂问语"的回答，无论是肯定还是否定，其结果都承认了这个错误的假定。例如：当对一位根本没有吸过烟的女士问道："你戒了烟没有？"这就是一个包含了"女士曾经吸过烟"的错误假定的复杂问语，无论她回答"戒了"还是"没戒"，都承认了她曾经吸过烟这一错误的假定。当回答说"戒了"，意味着她过去吸烟，现在不吸了；当回答说"没戒"，则意味着她过去吸烟，现在仍然吸烟。这显然是那位女士无法接受的。因此，对这种复杂问语不能简单地在"是"与"非"之间做选择，而应当从根本上推翻它。比如，对于上述那个问题，那位女士应这样回答："我从未吸过烟，根本不存在戒不戒的问题。"

三个画师的命运

从前，有一个国王，长得身材高大。只是有一只眼是瞎的，一条腿是瘸的。一天，他召来三位画师给自己画像。

第一个画师，把国王画得双目炯炯有神，两腿粗壮有力，看上去很是英俊威武。国王看后，气愤地说："你是个善于逢迎的家伙，我不能留你。"于是命卫兵将这位画师推出去斩首了。

第二个画师目睹这一场面，于是老老实实地按照国王原来的样子，把国王画得十分真实。国王看后，满脸怒气，说："这叫什么艺术？"也叫人把这位画师推出去砍了。

第三位画师把国王画成正在打猎的样子，画上的国王手举猎枪托在瘸腿上，一只眼紧闭着瞄准前方。国王看了十分高兴。奖了他许多金子，并誉他为"国家第一画师"。

这个小故事中，国王反对在自己的画像上弄虚作假，还反对把自己画得逼真如实。明明自己一只眼是瞎的，一条腿是瘸的，可第一位画师却把自己画得双目有神，两腿粗壮，这不是在有意嘲弄自己吗？尽管自己一只眼是瞎的，一条腿是瘸的，可第二位画师也不能把这些都画上去呀，画上去，这岂不是对自己的恶意丑化吗？

画假了不行，画得太真实了也不行，那么这位国王的思维不是违反排中律从而陷入两不可之中了吗？

不是。因为在弄虚作假与逼真如实之间还有另外一种画法，那就是第三位画师的画法：他既没有把国王画成假的，又没有把国王的缺陷明显地画出来，而是巧妙地利用了国王打猎时的姿势，掩盖了那一只瞎眼和一条瘸腿。（显然，第三位画师同样也是在溜须拍马，不过比第一位画师溜得高明，画得恰到好处。）

这里，必须明确指出，排中律只适用于两个相互矛盾的思想，而并不适用于两个相互反对的思想。因为两个相互反对的思想虽然不能同真，但却可以同假，因此，同时否定它们是完全可以的。

国王在杀掉前两位画师时的思维也并没有违反排中律，他所否定的只是两个具有反对关系的思想，而并不是两个具有矛盾关系的思想，当然，他的残暴与专横，那已经是属于另外的问题了，这里并不讨论这些问题。我们这里只是从逻辑上说，国王的思维并没有错误，至于其他方面的问题，形式逻辑是管不着的。

鲍西娅的匣子

排中律在思维活动中具有重要作用。《威尼斯商人》中讲到一个鲍西娅匣子的故事。故事是这样的：

贝尔蒙特城的富家少女鲍西娅，德才兼备，年轻貌美。许多官宦

子弟都来求婚。但是，她的父亲临死前在遗嘱中规定了要"猜匣为婚"，否则，她无法获得遗产继承权。鲍西娅孝顺乖巧，她坚决地遵从着父亲的遗言。

父亲为鲍西娅准备了三只匣子，分别是金匣子、银匣子和铅匣子。在这三只匣子中，只有一个匣子里放有鲍西娅的肖像。每个匣子上分别有一句话，金匣子上刻的话是"肖像不在此匣中"；银匣子上的话是"肖像在金匣中"；铅匣子上的话是"肖像不在此匣中"。并且三个匣子上面的三句话中只有一句是真话。

鲍西娅父亲的遗言说，如果求婚者能根据以上四句话，猜中鲍西娅肖像的位置，鲍西娅就会嫁给他。另外，求婚者在猜匣之前，答应两个条件：一、必须宣誓，如果没有猜对，他不得对任何人透露他猜过哪个匣子。二、必须宣誓，如果他猜不中，将永远不得娶妻。该条件的目的是缩小求婚者的范围，只保留下那些真心追求鲍西娅的小伙子。

许多求婚者慕名而来，但揣摩了一下，估计无法猜出就返回了，只留下少数有自信的人。但是没有一个人猜对。最后有一位威尼斯的青年来到这里，他深深地爱上了鲍西娅。他很自信，也很聪明，相信自己一定会成功。他发誓后，稍作思考，就来到鲍西娅面前，肯定地对她说："肖像在铅匣子中。"鲍西娅惊讶地看着他，微微点了点头。年轻人打开铅匣子一看，肖像果然在里面！

鲍西娅十分佩服年轻人的智慧。按照规定，决定嫁给他，她很好奇地问："亲爱的，你是怎么猜中的？"

年轻人微笑着说："我是根据逻辑规律来推理的。金匣子上面的话与银匣子上面的话是互相矛盾的，其中必有一句真话；而旁边的纸上的说明告诉我，'三句话中只有一句真话'，这样，这句唯一的真话必在金匣子和银匣子这两句话中。由此可见，铅匣子上刻的话只能是一句假话。而铅匣子上刻的话是'肖像不在此匣中'一定是假的，既然是假话，肖像就一定在此匣中。""你真聪明！"鲍西娅高兴地说。两人喜结良缘。

这个年轻人是怎么猜中的呢？年轻人实际上在猜测的过程中运用了排中律。推理过程如下，假设肖像在金匣中，则金匣子的话是假的，银匣子的话是真的，铅匣子的话是真的，和已知条件相矛盾！假设肖像在银匣中。则金匣子的话是真的，银匣子的话是假的，铅匣子的话是真的，和已知条件相矛盾！假设肖像在铅匣中。则金匣子的话是真的，银匣子的话是假的，铅匣子的话是假的。所以肖像在铅匣中！

金、银匣子上两句互相矛盾的话中只有一句是真话，这是根据排中律得出的结论；从铅匣子上刻的话"肖像不在此匣中"是假话，从而得出与此矛盾的话"肖像在此匣（铅匣子）中"是真话，也是依据排中律得出的结论。所以，排中律在思维活动中具有重要作用。

既不谎人，也不遭打

鲁迅在《立论》一文中讲了这样一个故事：

我梦见自己正在小学校的课堂上预备作文立论的方法。

"难！"老师从眼镜圈外斜射出眼光来，看着我，说，"我告诉你一件事——一家人家生了一个男孩，全家高兴透顶了。满月的时候抱出来给客人看——大概自然是想得一点好兆头。

一个说：'这孩子将来要发财的。'他于是得到一番感谢。

一个说：'这孩子将来要做官的。'他于是得到几句恭维。

一个说：'这孩子将来是要死的。'他于是遭到大家合力的痛打。

说要死的必然，说富贵的说谎，但说谎的得好报，说必然的遭打。

你……"

"我既不愿意说谎,也不想遭打。那么,老师,我得怎么说呢?"

"那么,你得说:'哎呀,这孩子,你瞧,多么……哈哈!'"

许多人都认为,以上故事中老师的话是违反了排中律,犯了"模棱两不可"的逻辑错误。

其实,老师这里既没有否定这孩子好,也没有否定这孩子不好,他根本就没有表态,而只是告诉给了学生一种比较圆滑的回避表态的办法,因此,这还不能说是违反了排中律。

只有在两个相互矛盾的思想面前表态,并且对这两个思想同时予以否定,才能说是违反了排中律,犯了"模棱两不可"的错误。

在实际思维与表述中,违反排中律的要求,从而同时否定了两个相互矛盾的思想,持两不可态度,常常表现为在两个相互矛盾的思想中间玩弄含糊字眼儿。例如,世界的本原是物质的,还是非物质的?这是任何哲学派别和哲学家们首先必须回答的问题。而马赫主义的创始人马赫则宣称:世界不是物质的,也不是非物质的,而是"由要素构成的"。列宁指出:"事实上,玩弄'要素'这个字眼儿,显然是一种最可怜的诡辩,因为唯物主义者在读马赫和阿芬那留斯的著作时,马上就会提出一个问题:'素'是什么呢?以为选出一个新字眼儿就可以躲开哲学上的基本派别,那真是小孩子的想法。"这里马赫就是利用"要素"这个含糊字眼儿来同时否定两个相互矛盾的思想的。

用含糊字眼儿来表态与不表态或回避表态是不同的。前者是一种逻辑错误,是排中律所不允许的;后者却并不属于一种逻辑错误,排中律并不是要人们非表态不可。事实上,在我们的实际生活中,由于对某一个问题尚缺乏深入的了解,或者由于种种特殊原因,从而使我们不能够或不便于对这个问题明确表态的情况是很多的,如果把这些情况都看作是"模棱两不可",那实在是对排中律的天大的误解。

华盛顿找马

一次，邻居盗走了华盛顿的马。华盛顿和警察一道在邻居的农场里找到了马，可是邻居不肯把马交出，一口咬定马是他自己的。

华盛顿用手捂住马的双眼，问："如果这马是你的，那么，你能说出它的哪只眼是瞎的吗？"

"右眼。"邻居回答说。

华盛顿把手从右眼移开，马的右眼光彩照人。

"哦，我弄错了，"邻居纠正说，"是左眼。"

华盛顿把左手也移开，马的左眼也光亮亮的。

"糟糕！我又错了。"邻居为自己辩护说。

"够了够了！"警察说，"这已经足以证明这马不属于你。华盛顿先生，我们把马牵回去吧。"

以上华盛顿对邻居的问话在逻辑上就叫"复杂问语"。华盛顿的那句问话"如果这马是你的，那么，你能说出它的哪只眼是瞎的吗？"其中既包含着一个对方并没有明确表示承认的假定："这马有一只眼是瞎的。"因此对方无论回答哪一只眼是瞎的，都等于承认了这个假定是真的。而事实上由于马的哪一只眼睛也不瞎，所以一旦对方回答了哪一只眼是瞎的，那就可以证明对方并不了解那匹马，从而也可以进一步证明，那匹马并不是对方的。

运用排中律时，必须注意，对复杂问语不能简单地采取肯定或否定的回答。例如：

古希腊时期，有一位诡辩家问当时的一位哲学家梅内德谟："你是否已经停止打你的父亲了？"梅内德谟说："我不存在是否已经停止打我父亲的问题,因为我从来就没有打过我的父亲。"

这里,梅内德谟对诡辩家的问话就没有采取简单的"是"或"否"的回答。

初看起来,"我已经停止打我的父亲了"和"我没有停止打我的父亲"二者是一对具有矛盾关系的判断,对它们同时予以否定会违反排中律,陷入两不可之中。然而深入分析一下,就会发现,无论是肯定的回答,还是否定的回答,它们之间都还包含着一个判断,那就是:"我过去打我的父亲",只要这个判断是假的,那么肯定的回答和否定的回答就都是假的。因此,对复杂问语既不简单采取肯定的回答,也不简单采取否定的回答,实际上并不是同时否定了两个相互矛盾的判断,而是否定了其中所包含的那个假判断,这根本就谈不上是违反了排中律的要求。

以上小故事中的那位偷马人之所以中了华盛顿复杂问语的圈套,原因即在于他并不知道华盛顿那句问话中所隐含的"这马有一只眼是瞎的"是一个假判断,假如知道的话,他也不会对这样的问话做"左眼瞎"或"右眼瞎"的简单回答。

由此可见,从使用复杂问语的人来说,要想使对方落入自己设好的圈套,必须注意不能让对方发觉自己在复杂问语中所隐含的判断是对方所不能承认的,如果对方一旦发觉了这个自己所不能承认的判断,那么,即便这个判断事实上可能是真的,对方也会把它作为假判断来加以否定。

巴尔扎克的预见

巴尔扎克曾告诉他的朋友们,他可以凭一个人的笔迹准确无误地判断此人的性格，预见这个人将来是否有所作为。

一天，一位老年妇女拿来一个小学生的作业本，对作家说："告诉我，亲爱的大师，这孩子有没有出息？"

巴尔扎克把那孩子的作业本仔细地端详了好几分钟，然后问："您是这个孩子的母亲，还是他的亲戚？"

"什么也不是，大师，您不妨照实说。"

"那好，"作家说道，"我给您实说吧。不瞒您说，这孩子是个生性轻浮、反应迟钝的人，他必将一事无成。"

"可是，亲爱的大师，您怎么不认识自己的笔迹了？这是您上小学时写的啊！"

小故事中，大作家巴尔扎克用以判断一个人的性格并且还预见这个人将来是否有所作为的理由显然是不充足的。这在逻辑上讲，属于违反了形式逻辑基本规律中的充足理由律。

充足理由律的基本内容是，在思维或表述过程中，一个判断被确定为真，总是有其充足理由的。

充足理由律可用公式表述为：

A 真！因为 B 真并且 B 能推出 A。

这里，"A"表示在思维或表述过程中被确定为真的判断，"B"表示用来确定"A"真的判断（它可以是一个判断，也可以是几个判断），我们把"B"称作"A"的理由。"A 真，因为 B 真并且 B 能推出 A"是说：在思维或表述中，一个判断 A，之所以被确定为真，一定还存在着另一个（或几个）判断 B，并且从 B 真，可以推出 A 真。如果 B 真并且从 B 真可以推出 A 真，那么我们就称 B 为 A 的充足理由。

根据充足理由律的内容，充足理由律要求人们在思维或表述过程中，特别是在论证中，必须为自己的论断提供充足理由。具体来说，充足理由律的要求可以归结为如下两条：

第一，理由必须真实；

第二，理由与推断之间要有逻辑联系，从理由要能够推出所要被确定为真的判断。

违反以上第一条，所犯的逻辑错误就叫作"理由虚假"；违反以上第二条，所犯的逻辑错误就叫"推不出"。

巴尔扎克所犯的逻辑错误就属于"推不出"。

尽管他确实可以断定一个人的笔迹是怎么样的，但是，由此并推不出这个人的性格怎么样，也推不出这个人的将来会怎么样。他根据自己上小学时的笔迹，对自己性格和未来的断定，就充分说明了这一点。

充足理由律主要是针对论证的，因此，它的主要作用也在于保证思维的论证性。人们说话、写文章只有具有论证性，才会有说服力，才能使人心悦诚服。

言之有据

一位哲学家在郊外散步，一边走，一边思考着问题，突然传来一声问话，打断了他的沉思："先生，打搅您了，从这儿到城里要走多久？"

"往前走！"哲学家头也不回地说。

问路者以为前边人没有听懂他的话，就赶了两步，走到哲学家身边，诚恳而有礼貌地说："先生，请问从这儿走到城里要多长时间？"

"再往前走！"哲学家依旧头也不回地说。

问路者感到十分纳闷，加快了脚步，继续往前走。不一会儿，哲学家在背后高声说道："喂，朋友，你得走两个小时。"

问路者啼笑皆非地问道:"先生,您为什么不早告诉我,而要和我开这个完全没有必要的玩笑呢?"

"朋友,我没有和你开玩笑。"哲学家认真地说,"我不看看你步行的速度,怎么能回答出你所需要的时间呢?"

哲学家的思维显然是严密的,要说出问路人从这儿到城里所需的时间,必须先知道对方步行的速度,不然,就等于毫无根据地信口雌黄。

这则小故事形象地刻画了这位哲学家超乎平常人的认真劲儿。一般来讲,对方这样打听,被打听者只需根据平常人们步行的速度,就可以大概回答出对方所需要的答案。可这位哲学家却偏偏不是这样,他要告诉对方,非得要找出所告诉的内容的充足理由来。没有充足理由,他宁可先不说,等自己亲眼看见对方的步行速度以后再说。毫无疑问,他根据这些真实的理由,又经过这样严密的推导(计算),告诉给对方的答案一定是真实而可靠的。

虽然这位哲学家在处理这样一些日常枝节问题时显得有些过于呆板了,不过通过上面这则小故事,我们应该明白一个道理,那就是当我们在实际思维与表述中,想要得到一个正确的判断时,所依据的理由一定要真实。"理由必须真实"这是形式逻辑充足理由律的一条最基本也是最重要的逻辑要求。

在日常生活中,有些无关紧要的判断,它们所依据的理由真实性没有把握,这不一定会给我们的认识和实践带来多大的妨碍;但是一些比较重要的判断,如果它们所依据的理由是虚假的,那就很可能会给我们的认识和实践带来极大的危害,甚至给我们的实际工作带来不可估量的损失。

例如,在实际生活中,有些担负领导工作的人,由于受某些封建因素的影响,养成了一种这样对付上级的方法:凡是上级想听的,就讲;凡是上级想要的,就给。上级需要了解什么情况,就汇报什么情况，上级需要什么数字，摸准之后，如数满足。而实际情况如何，他们根本不管，只要自己能升官，哪管汇报真和假？这样一来，上级机关拿到了假情况、假数字，以此为理由，经过一番论证，便形成了指导下级工作的结论，这样的决策能不连连失误吗？这样做的结果给实际工作带来的损失往往是无法估量的。

需要指出的是，理由必须真实这只是充足理由律提出的一种逻辑要求。而一个论断所依据的理由究竟是真还是假，仅仅靠充足理由律是无法断定的。这样的问题归根到底是需要由实践来加以解决的。

林清光平冤

福建大兴县有家村民夫妇俩都50岁了，有个独生女儿生得很有姿色，已到出嫁的年龄。邻家子曾多次对她挑逗，都被拒绝，而她的父母却不知此事。有一天，邻家子窥探到姑娘的父母同去参加叔父的丧事，就趁这个空子翻墙而入对姑娘施暴。姑娘抗拒到精疲力竭而被奸污。邻家子想到此事的后患，就用力扼住姑娘的咽喉，把她掐死后逃跑了。

这时，恰好姑娘的表兄许生前来，敲门无人应声。询问近邻，才知姑父姑母都已外出。他心想：表妹在家，怎么不来开门？再敲门，还是不应，感到很惊异，于是撬门进去。进屋后发现表妹已死在床上，不禁大吃一惊，急忙奔告她的父母。及至父母赶到，邻居们也都已聚集在那里了。大家都认为是强奸致死，怀疑凶手就是他们家的内侄许生。告到官府，许生受不住酷刑而认罪，遂被定为死刑。

在案子未上报之前，知县升迁。新任知县林清光到任后，翻阅了全部案卷，怀疑其中有冤。把许生提到公堂审问，他只是低头哭泣，林清光愈加怀疑，传来姑娘的父母，问他们："平时有谁曾调戏过你的女儿？"答说："没有。"林清光想不出办法，就进行斋戒，当晚夜宿城隍庙，睡梦中恍惚梦见有神灵告诉他"问厨子"三个字。醒来后觉得奇怪，就扮作平民，进入城内，希望能遇到什么。行走之间下起雨来，便在某藩王的府邸前歇脚。过了一会儿，里面出来一个人，看见林清光，问道："你等谁？"林清光回说避雨。这人就蹲在屋檐下和林清光闲聊起来。林清光问他："在藩王府中干什么差使。"

"厨子。"

林清光心想："找到了。"因而谈道："从前大兴县某村发生过强奸致死案，你听说过吗？"

厨子笑而不答。林清光一再问他，他只说："唉，许生确实冤枉啊。"说完就默不作声了。

林清光觉得他的话值得推敲，便邀他进入酒店，殷勤款待。饮到有些醉意时，林清光又扯到前面所说的案件，厨子就一一细述出来。他说："这事除了我谁都不知道。这人和我交情最好，酒醉后曾向我透露过。因为是好朋友，没有泄露出去。他的母亲是藩王府中的奶妈，他闹出了这件案子后，就躲藏在藩王府内，脚不踏出府邸大门已有几个月了。有一天我向他借钱，他不答应，而且挥动拳头对待我。我平时畏惧他凶狠，不敢和他计较，心里暗暗恨他。不是先生问起来，我也不便说这事。"

林清光既问到了实情，就把厨子带到了县署作为证人。又亲自带人上藩王的府邸，指名索取凶犯。王府不能包庇，就把他交出来。一经审问，这人承认了所犯的罪行，被依法处决。许生的冤枉得以昭雪。

在漫长的封建社会中，很少不用刑审判的。一阵暴雨似的毒打，几声令人毛骨悚然的惨叫，片刻之间，就雨过天晴一样从被打者口中把"罪状"一一掏了出来。然而究竟这口供实与不实，谁是真正的罪犯？执法者心中也大都无数，不分青红皂白地打了再说，结果必然是青红皂白混杂不分。"严刑之下能忍者不吐实,不能忍者吐不实"。然而能忍痛到底的又有几个呢?在审理这个案子中,前任知县以刑逼供,险些错杀无辜。林清光注重证据的办案作风是值得称道的,因为充足的证据是所断案能否成立的支柱,这也是"充足理由律"的逻辑要求。然而林清光借神灵的力量的说法是不足信的。

第四章
演绎推理：逻辑高手必备的能力

演绎推理就是从一般性的前提出发，通过推导即"演绎"，得出具体陈述或个别结论的过程。它的基本要求是：一是大、小前提的判断必须是真实的；二是推理过程必须符合正确的逻辑形式和规则。演绎推理的正确与否首先取决于大前提的正确与否，如果大前提错了，结论自然不会正确。

我到哪里去了

有一位呆衙役,没有什么才干,加上年事渐大,记性不好,常常丢三落四,虽说办事还算认真,但仍然经常把上级吩咐的事情搞得一团糟。

一次,需要押送一个重罪和尚,将他刺配边疆,因为实在腾不出人手来,县衙老爷只得差这位呆衙役前去押送。临行时对他吩咐道:"这和尚是犯了重罪的要犯。刺配边疆,永不返回原籍,只是你一定要押送到目的地,并且一路小心,不得让他在路上跑了,若是跑了和尚,你不但衙役做不成,说不定还得去蹲监牢哦。""请大老爷放心!"呆衙役拍着自己胸脯说道:"我自有锦囊妙计看牢他!"

呆衙役的锦囊妙计是什么呢?原来他把上路随身带的东西和人都编成顺口溜,一上路后,他嘴里就嘟嘟囔囔念个不停,心里想,这样一来所有的东西就都会记住,不会丢失了。

路上,和尚听他嘴里不停地念什么,开始以为呆衙役皈依佛门,口诵佛经,后来仔细一听,才知道呆衙役念的是:"雨伞、包裹、和尚、我。"和尚暗自好笑道:"真是个呆子!"心里面就盘算着逃跑计划。

走了一天路,天黑下来时,他们到路边的一家旅店求宿。和尚摸出了几两银子说:"我请客。"于是让店家去弄了些酒肉来。当几大碗酒肉上桌时,那呆衙役早已垂涎三尺了。他口里说道:"惭愧,惭愧！"但手里的筷子已把肉送到了嘴边。就这样大吃大喝直到夜阑人静的午夜。只见那倒霉的呆衙役已被和尚灌了个烂醉如泥，呼呼大睡。

那和尚见时机来了，从呆衙役身上偷来钥匙，解开枷锁，并取出快刀，把呆衙役的头发剃得精光，又将枷锁套在呆衙役脖子上，然后跳窗逃跑了。

第二天日上三竿，呆衙役才酒醒过来，迷迷糊糊中还记得自己身边的东西，于是两手不停摸索，左手抓着了雨伞，右手挽住了包裹，睁开眼四下张望，发现和尚不见了，"哎呀！这可如何是好？"想着想着，额上冷汗也出来了，腿也软了，头也耷拉下来了，突然，他两眼盯住了自己脖子上套着的枷锁，"咦，这不是和尚的东西吗？"他心里一亮，伸手又摸了摸枷锁上自己那光溜溜的头，顿时喜上眉梢，"谢天谢地，和尚还在。"

他高兴地在屋子里转了好几个圈。忽然又停了下来，好像又遇上了什么解不开的难题，两眉紧蹙自言自语地说道："奇怪，奇怪，和尚倒还在这里，可我又到哪里去了呢？"

这个呆衙役的错误，在于违反了直接推理的换位法的规则："前提中不周延的项到结论中不得周延。"

我们知道，"所有的和尚都是'光头'"这个判断是正确的。但是，"所有剃光头的都是'和尚'"这个判断就不正确了。这两个判断的概念几乎差不多，"和尚"和"剃光头的"，只不过是两个概念颠倒了一个个儿罢了，怎么就错了呢？错在什么地方呢？原因在于所反映的对象范围改变了。将原判断："所有的和尚都是剃光头的"（SAP 判断），换位后得出："所有剃光头的都是和尚"（PAS 判断）。这就违背了在前提中不周延的概念，在结论中不得周延的逻辑法则，导致逻辑错误，即"剃光头的"在前提中不周延（肯定判断的谓项都不周延），在结论中，变为主项却成为周延了。正确的换位应该是："有些剃光头的是和尚"，这样才是对的。

推理是从已有判断推出新的判断思维形式。推理有正确与错误之分。要保证推理的正确，就必须具备一定的条件。恩格斯曾经指出："如果我们有正确的前提，并且把思维规律正确地运用于这些前提，那么结果必定与现实相符。"这就是说，要使推理能够正确地反映客观现实，必须具备以下两个条件：一是推理的前提必须是真实的；二是推理的形式必须是正确的。

风水先生之言不可信

清朝诗人袁枚在《随园随笔》一书中举了一些实例来驳斥"风水"先生的迷信说教。迷信风水的人认为：祖先坟墓用地的好坏，会影响子孙后代的兴衰。对此，袁枚做了有力的反驳："汉朝的廷尉吴融，埋葬母亲的坟地，风水先生认为不当，子孙必遭天族之患，可他的子孙却很昌盛。迷信风水的人认为，黄巢、李自成的家风水很好，只是后来被人挖了祖坟，才招致后来的败亡。但是，唐高祖、郭子仪的祖坟，分别被隋朝的长安留守和鱼朝恩挖掉，但李渊后来当了皇帝，郭子仪七子八婿，贵显满朝。"

不难发现，风水先生和迷信风水的人对祖坟用地风水好坏与子孙后代的兴衰做出了两个全称判断："凡祖坟风水好的子孙就会兴旺"；"凡祖坟风水不好的子孙就不会兴旺（即衰败）"。前者是具有 SAP 形式的全称肯定判断，后者是具有 SOP 形式的全称否定判断。

袁枚用实例体现的两个特称判断来驳斥风水先生和迷信风水的人断言"祖坟用地好坏与子孙后代兴衰相关"的观点。这两个判断是："有些人的祖坟风水很好子孙却不兴旺；有些人的祖坟风水不好（被人挖了祖坟）子孙却很兴旺。"前者是具有 SOP 形式的特称否定判断，后者是具有 SIP 形式的特称肯定判断。

袁枚的特称判断是以客观事实为依据的，因而是真的。既然"有些人的祖坟风水很好子孙却不兴旺"为真，即 SOP 为真，那么，"凡祖坟风水好的子孙就会兴旺"为假，即 SAP 为假。既然"有些人的祖坟风水不好子孙却很兴旺"为真，即 SIP 为假，那么"凡祖坟风水不好的子孙不会兴旺"为假，即 SEP 为假。

袁枚运用对当关系推理来驳斥风水先生的观点。所谓对当关系推理就是运用同素材的 A、E、I、O 四个判断之间的真假制约关系进行的推理。对当关系包括反对关系、下反对关系、差等关系、矛盾关系。相应地，对当关系推理也包括反对关系推理、下反对关系推理、差等关系推理和矛盾关系推理。

1. 反对关系推理

反对关系存在于 A 与 E 两个判断之间，具有反对关系的两个判断一个真，则另一个必定为假；一个假，另一个真假不定。因此，根据反对关系的逻辑特征，只能由一个判断的真推出另一个判断为假；不能由一个判断的假必然推出另一个判断怎么样。因为一个判断假，另一个判断可真可假。

2. 下反对关系推理

下反对关系存在于 I 与 O 两个判断之间，具有下反对关系的两个判断，一个假，另一个必定为真；一个真，另一个真假不定。因此，在下反对关系里，只能由一个判断的假推出另一个判断的真，但不能由一个判断的真必然推出另一个判断怎么样。

3. 差等关系推理

差等关系存在于 A 与 I 以及 E 与 O 之间。差等关系的逻辑特征是：全称判断真则同质的特称判断真；全称判断假则同质的特称判断可真可假；特称判断假则同质的全称判断假；特称判断真则同质的全称判断可真可假。因此，差等关系推理可由全称判断真推出全称判断真,也可由特称判断假推出全称判断假。

4. 矛盾关系推理

矛盾关系存在于 A 与 O 以及 E 与 I 之间。具有矛盾关系的两个判断不能同时为真,也不能同时为假。根据矛盾关系,可由一个判断真推出另一个判断假,也可由一个判断假推出另一个判断真。

怎样把话倒过来说

在日常语言表达中,有时一句话顺着说了一遍后,还需要倒过来说一遍,这样才能把话说透彻。但不是所有人都能准确地把话倒过来说。

甲:会说话的人可以把话倒过来说。不信,我这就说。用人不疑,疑人不用;会者不难,难者不会;男人不是女人,女人不是男人。

乙:好啦,不必往下说了。这样倒过来说,我也会。你听,来者不善,善者不来;狗是动物,动物是狗。

甲:不对,不对。难道动物都是狗吗?

乙:怎么我倒过来说就不行了呢?还是您说,我再好好学学。

甲:好,您再听听啊。有医生是妇女,有妇女是医生;有学生是观众,有观众是学生。

乙:好了,好了,现在我真的会了。有姑娘是演员,有演员是姑娘。这样说对吗?

甲:行。再往下说。

乙:好。有人不是演员,有演员不是人。

甲:咳。有您这样说话的吗?您自己就是演员,难道您不是人吗?

在上面这段相声中,乙两次闹笑话。一次从"狗是动物"推出

"动物是狗"；另一次是从"有人不是演员"推出"有演员不是人"。乙之所以两次出洋相，是由于不懂得把话倒过来说即判断变形直接推理的规则。

判断变形的直接推理就是通过改变前提的形式即改变前提的质或改变前提主、谓项的位置从而推出结论的直接推理。判断变形的直接推理包括换质法和换位法两种基本形式。

换质法是通过改变前提的质即把肯定改为否定、否定改为肯定，同时把前提中的谓项概念改成和原概念相矛盾的概念，从而推出结论的直接推理方法。换质法推理应遵循两条规则：

第一，结论和前提不同质。

第二，结论的主、谓项和前提主、谓项的位置保持不变，结论的谓项是前提谓项的矛盾概念。

换质法是通过交换前提中主、谓项的位置从而推出结论的直接推理方法。换位法必须遵循以下三条规则：

第一，结论和前提的质相同，即当前提肯定时，则结论肯定；前提否定时，结论否定。

第二，结论中的主项和谓项，分别是前提的谓项和主项。

第三，前提中不周延的项，在结论中不得周延。具体说来，换位后，前提判断中主、谓项的周延性可以缩小，可以相同，但不能扩大。

怎样判定从一个已知的前提出发能否运用判断变形推出一个给定的结论呢？可以从已知的前提出发，分别构造换质位法推理和换位质法推理。当运用两种方法都推不出给定的结论时，表明从这个已知的前提出发运用判断变形不能推出给定的结论；当运用其中一种方法推出给定的结论时，表明从已知的前提出发能推出给定的结论。

判断变形推理表明从一个给定的前提出发可以推出一个新的判断做结论，由于这一结论原来是隐含在前提中的，它很可能没有准确反映表达者的本意，从而带来不必要的误会。我们不妨以相声《某公请客》来说明。

甲：不会说话净得罪人。明明是好意呀，别人听了也不舒服。

乙：有这样的事？

甲：我大爷就因为不会说话，老得罪人。有一次，我大爷请客，请了4位客人到饭店吃饭，约好下午6点钟开餐，到了5点半，来了三位，还有一位没来，这位还是主客。

乙：那就再等会儿，实在不来就别等了。

甲：我大爷可是个守信用的人，一直等到6点半，那位客人还没有来。他急啦，自言自语道："该来的没有来。"来了的三位中有一位就不痛快地反问："怎么，该来的没有来？那我这个来了的是不该来的呀！我走吧。"他离开饭店走啦。

乙：得，气走了一位。

甲：我大爷左等右等，那位主客还是没有来。不但那位没有来，已来了的倒气走了一位。我大爷忍不住又冒出一句："唉，又走了一位，这真是不该走的走啦！"另外一位又嘀咕了："什么？不该走的走啦，没诚意请我呀，我也走吧。"他也走啦。

乙：有这样说话的吗？又气走了一位。

甲：就剩下一位啦。这位跟我大爷是老交情，他对我大爷说："兄弟，你以后说话可要注意，哪有这样说话的呀！'不该走的走了'，那人家还不走？以后可别这样说啦！"我大爷解释说："大哥，我没有说他俩呀！""哦，说我呀，我也走吧。"

乙：全气走啦。

客人之所以先后被气走，原因就在于这位大爷说话不恰当。

这可用判断变形直接推理的有关原理来说明。大爷先说："该来的没有来。"这句话同"来的是不该来的"意思相同。因为"该来的没有来"规范化后就是"该来的是没有来的"，运用换质法可以推出"该来的不是来的"，再用换位法可以得到"来的不是该来的"。这就会使来了的客人误解为"自己不是该来的",比较敏感的那位客人在第一个回合就被气走了。大爷接着又说:"不该走的走啦。"这句话同"没有走的是该走的"意思相同。因为"不该走的走啦"可规范化为"不该走的是走了的",运用换质法可以推出"不该走的不是没有走了的",再运用换位法可以推出"没有走的不是不该走的",最后运用换质法可得到"没有走的是该走的"。既然这样,第二位客人被气走也就不难理解了。而大爷回答老友的劝告时所说的"我没有说他俩呀"是选言推理的省略式,得到的结论自然是"说你"即说老友,这也就是老友也被气走的原因。

谁最后返回寝室

某大学第二学生宿舍315寝室住着杨烨、袁丽君、林薇、夏娟4位同学。按照宿舍管理员的规定,每晚最后回到寝室的同学应当关好室外的路灯。一天晚上,她们在教室自习后陆续回宿舍就寝,其中最后返回宿舍的那位同学忘记关室外的路灯,使灯白白地亮了一个通宵。第二天,宿舍管理员了解是谁最后返回寝室而忘了关路灯这件事时,4位同学做了如下的回答:

杨烨说:"我回来时,小林还没有睡。"

袁丽君说:"我回来时,看到小夏已经睡了,我也就睡了。"

林薇说:"我进门时,看到小袁正上床睡觉。"

夏娟说:"我上床就睡着了,什么也不知道。"

宿舍管理员相信4个同学的回答都是事实,并据此迅速推断出她们4人当中是谁最后返回寝室的。请问:宿舍管理员是怎样迅速推断出来的,她所断定的最迟返回宿舍的是谁?

宿舍管理员是根据关系推理的知识，迅速判断出是杨烨最后返回寝室的。关系推理是前提中至少有一个是关系判断，并且根据关系中的逻辑性质进行推演的推理。关系推理分为纯关系推理和混合关系推理两种。纯关系推理是前提和结论都是关系判断的推理，它包括对称关系推理、反对称关系推理、传递关系推理和反传递关系推理。

在这个故事中，宿舍管理员根据传递关系推理，可以推出"谁最后返回寝室"中，杨烨最后返回寝室。其推理形式如下：

①杨烨迟于林薇返回寝室；

林薇迟于袁丽君返回寝室；

所以，杨烨迟于袁丽君返回寝室。

②杨烨迟于袁丽君返回寝室；

袁丽君迟于夏娟回到寝室；

所以，杨烨迟于夏娟返回寝室。

综合以上两个推理，可知杨烨最后返回寝室。

"通古斯陨石"之谜

1908年6月30日早晨，俄国西伯利亚通古斯地区的森林上空，飞过一个大火球。立刻，这火球变成直冲云霄的火柱，大地随即发生了强烈的震动，几百公里内房屋里的器皿颤动不已，时钟停摆，好像发生了地震一样。周边都明显感觉到了震动。这是科幻大片吗？不是，这是真实的历史事件。是历史上著名的"通古斯陨石"。

科学家们经过详细地演算和逻辑推理，认为几千吨重的巨大陨石，在穿过大气层以后，以宇宙速度冲到地面，巨大的动能转变为热能，于是产生了爆炸。

为了探究事情发生时的真实情况，从1917年起，先后有多个考察队到达发生爆炸的通古斯地区进行考察，其中科学家库里克率领的考察队在通古斯地区待的时间最久，他们驻扎在那里进行了长期的考察工作。

考察队经过认真考察后发现，在受破坏最大的爆炸中心，大量的树木全都被烧死了，只留下些光秃秃的树干。通常情况下，陨石会在地面造成深坑，陨石主体埋入地下，在深坑周围散落很多石头碎块。但奇怪的是，在通古斯地区到处也找不到陨石，陨石究竟去哪里了呢？

在事情发生的附近有一个大沼泽，考察队怀疑陨石掉到了沼泽地。于是考察队耗时很久排干了沼泽，使用钻机等机械设备在深坑周边四处钻探，甚至直接钻到地下冻土层25米处，也没有找到陨石的任何痕迹，最后只好放弃。后来还有其他的考察队陆陆续续地寻找了10多次，足迹踏遍了这一带，仍然没有发现陨石。因此，许多科学家认为，这次灾变不是由陨石坠地引起的。

那么"这次灾变不是由陨石坠地引起的"的结论，是如何得出的呢？这里可以使用三段论进行推理。三段论是演绎推理的一种主要形式。每个三段论虽有三个判断，却也有三个不同的概念。三个概念和三个判断各有自己的名称。在结论中充当主词的概念叫"小词"，在结论中充当宾词的概念叫"大词"。在前提中出现过两次而在结论中又不出现的概念叫"中词"。相应地，包含大词的前提叫"大前提"，包含小词的前提叫"小前提"。换句话说，第一个判断是大前提，第二个判断是小前提，第三个判断是结论。这个三段论的大前提是"凡是陨石坠地引起的灾变总有陨石残迹"，小前提是"通古斯灾变地区找不到陨石残迹"，结论是"通古斯地区灾变不是陨石坠地引起的"。

内盗还是外盗

某银行服务所金库被盗，失落巨款12.5万元。根据现场勘查和调查材料分析，犯罪分子很可能是白天悄悄拔开窗户上的插销，在夜里10点以后从窗口进入营业室作案的。罪犯用事先配好的钥匙，打开账库和金库的门，拿走钱后，又把门关上，从原路溜出营业室。罪犯不仅有接触账库和金库钥匙的条件，熟悉这两个库的情况，而且了解13日从分理处提款、14日向各企业单位发工资的规律，掌握内部夜间值班人员活动情况，据此断定，有极大可能是内部人员或内外勾结作案。

根据上述侦破方向，对可能接触账库、金库钥匙的人进行摸底，发现除了管钥匙的人以外，谁也提不出可疑的人接触过钥匙，对内部人员反复调查，也没有发现可疑的对象，侦破工作陷入了僵局。

侦破小组经过分析认为原定的侦破方向是正确的，应该坚定不移地从银行内部发现线索，而银行服务所的工作人员只有几十个人，范围不大。前一段没有发现可疑人员，这说明罪犯狡猾，隐蔽较深，伪装巧妙。但是，伪装只能一时，不能长久。侦察人员认为，罪犯既然盗窃了巨款，总有一天要拿出来挥霍的。为了给罪犯提供花钱的条件，以便引蛇出洞，一举歼灭，侦破小组决定撤出银行，给罪犯造成"收兵"的错觉。

果然不出所料，当侦破小组撤出银行不久，侦察员发现这新参加工作的见习出纳员赵某，有一天突然拿出一沓旧票兑换新钞票，同时又发现他买了一块进口表。此外，还发现赵某最好的同学张某最近花钱如流水。赵某和张某的消费水平远远高于他们的实际收入。经过调查，他们并无别的经济来源，因此推断，他们很可能与银行被盗案有关。侦破小组抓住这条线索不放，终于查明了赵某与张某合伙作案的真相，并在他们家中找出了剩余的赃款。

侦破人员破获这起盗窃金库案是从罪犯挥霍赃款打开缺口的。从侦察人员的思维来说，运用的是一个直言三段论第一格的形式，即大前提是："凡是支出大大超过收入的人必定有非正常的经济来源"，这是个一般规律，小前提是"赵某、张某的支出大大超过收入"这个实际情况。所以，推出"赵、张两人有非正常经济来源"的结论。

当然，非正常经济来源并非都是非法的。它既可能是非法的，也可能是合法的。但是通过这种推理，可以为侦破案件发现重要线索和为寻找嫌疑对象提供依据。

三段论推理是属于演绎推理，即是由一般到特殊的推理。这种推理的结论寓于前提之中，因此，只要前提真实，推理形式正确，结论就是必然真实的。

冯谖买"义"废债据

孟尝君是齐国贵族，号称"战国四公子"之一，门下食客数千。一天，孟尝君派一个叫冯谖的门客为他到薛地讨债。临行时，冯谖问公子债收完后买些什么，孟尝君说："你看我缺什么，就买什么吧。"冯谖一到薛地，便召集欠债的百姓，假托孟尝君之命烧毁券契，把债款赐给百姓。薛地百姓山呼万岁，对孟尝君感恩不尽。

冯谖马不停蹄赶回齐国。孟尝君问他买了什么回来，冯谖回答说："你说过我买些你家缺少的东西，依我看来，你家宅中堆满珍宝，宅外充满马房。美人多得等于婢妾，唯独缺少义，因而我私自给你买了些义。"孟尝君不解。冯谖又说："我假托您的命令焚毁了全部债券，薛地百姓山呼万岁，这就是我替你买回的'义'。"孟尝君听罢，十分不悦，只说："算了吧。"

一年之后，孟尝君得罪了齐王，被赶回自己的封邑薛地。孟尝君车马距薛地尚有百里之遥，百姓便扶老携幼、争先恐后地赶来迎接。看到这种情景，孟尝君感激地对冯谖说："先生替我买回的'义'，今天才见到了。"

这个故事中，冯谖运用了相容选言推理的否定肯定式做出废债买义的举动，这个推理的完整形式是：

收债完毕，给孟尝君家或者买珍宝，或者买牛马，或者买美人，或者买仁义；

孟尝君家不要买珍宝，不要买牛马，不要买美人（因为孟尝君家不缺这些）；

所以，收债完毕给孟尝君家买仁义（因为孟尝君家缺少仁义）。

相容选言推理就是前提之一为相容选言判断，并且根据相容选言判断的逻辑性质进行推演的推理。相容选言判断的逻辑特点就在于选言肢断定的事物情况是可以并存的、可以同时为真的，而不是相互排斥的。正因为这样，对于一个相容选言推理来说，就不能由肯定一个选言肢为真，必然地断定其他肢判断的真假；而否定一个肢判断，则能必然地断定另一部分（另一个）肢判断为真。换言之，相容选言推理只有否定肯定式，而没有肯定否定式。相容选言推理必须遵守两条规则：

第一，否定一部分（一个）选言肢，就要肯定另一部分（另一个）选言肢；

第二，肯定一部分（一个）选言肢，不能必然断定另一部分（另一个）选言肢的真假。

必须指出的是，对于相容选言推理前提之一的相容选言判断来说，它必须穷尽一切可能；否则，若遗漏了可能情况，即使否定某些可能，也不能必然地肯定另一种可能。下面这则《持竿进城》的故事就深刻地说明了这一点。

有个人拿着一根很长的竹竿进城去。到了城门前，他竖着拿竹竿，城门太矮，进不去；横着拿竹竿，城门太窄，还是进不去。城里的知县知道了这件事后，拍着桌子大叫道："这个拿竹竿的，真是笨蛋！竹竿长你进不了城门，如果用刀把竹竿截成两节，不就进了城门吗？"

这个知县真是"聪明"得太可爱了！他是运用如下的推理形式得出的：

拿长竹竿进城门或者竖拿着进，或者横拿着进，或者截成两节拿着进；

因竹竿太长，竖拿着进城门太矮，横拿着进城门太窄（即都拿不进去）；

所以，只好把竹竿截成两节拿着进城门。

这一推理显然是错误的，"聪明"的知县漏掉了把竹竿顺着城门拿进去这种办法。这种可能就是知县所没有想到的。要知道，长竹竿有长竹竿的用途，如果截成两节拿进城门去，很可能成了无用之物。因此，知县的主意实在蠢，他才是一个笨蛋。

在实际表达中，不少人违背了相容选言推理不能由肯定一部分或一个选言肢必然推断另一个选言肢的规则，做出了种种无效的推理。例如：

某学生的笔记错了，或者是老师讲错了，或者是学生听错了；

所以，某学生的笔记记错了不是学生听错了。

由老师讲错了不能必然推出学生没听错；很可能师生双方思想同时开了小差，同时出了差错，也就是说，由肯定一部分选言肢推出结论是不可靠的。

遗嘱在棺材里

美国侦探小说《希腊棺材之谜》开始叙述了这样一段动人的故事：美术品收藏家乔治·卡吉士因心力衰竭，10月2日清晨死于家中的书房内，卡吉士曾为美国购进了若干极其珍贵的艺术品。这些珍品有的保存在第五大街他自己的收藏品总库内。卡吉士在死前曾立遗嘱，对他的财产的继承问题做了明确的规定，并委托律师任卓夫执行。

殡仪及下葬在10月5日举行。遵照死者生前的意愿，一切从简，不邀请外人参加。丧礼由牧师主持，不要张扬。

当送葬队伍回到住宅以后，律师任卓夫发现死者保险箱内的遗嘱连同盛放它的一个小铁盒不翼而飞了。而在送葬队伍离家之前的5分钟他还看到遗嘱。事关重大，任卓夫马上报警。

很快，佩珀副检察员带着探员赶到现场。他们查明：任卓夫看到盒内有遗嘱的时候，凡是在房子里的每一个人，现在都还在场，凡是参加送葬的人，在墓地上除了同几个人相遇外，未与其他人接触，而这几个被相遇的人同送葬的人一起返回了住宅，并正在现场内，对所有在场的人搜身一无所获；对整个住宅仔细地、彻底地搜查，也毫无所得。那么遗嘱究竟到哪里去了？在检察长召开的会议上，与会者一个个愁眉苦思，无法揭开这个谜。忽然侦察长的儿子——艾勒里·奎恩惊人地断言：遗嘱就在这次葬礼中离开了这所房子，并且就放在从未搜过的棺材内。大家根据奎恩提供的线索，果然在棺材内找到遗嘱。

奎恩是根据不相容选言推理的否定肯定式推出遗嘱是在棺材里这个结论的。因为当时遗嘱的去向只有三种可能：

A. 在现场内的人们身上；

B. 在宅院内；

C. 在从发现遗嘱失踪后未被搜查过的东西——棺材里。

经搜查，对所有在现场的人进行搜身，一无所获；对整个住宅仔细地、彻底地搜查，也毫无所得。从而推出遗嘱在棺材里。这个结论完全符合逻辑。因为它符合不相容选言推理的规则，即小前提否定一部分选言肢，而结论就可以肯定另一部分选言肢。

奎恩的思维过程是这样的：

遗嘱或在现场内的人们身上，或在宅院内或在棺材里；

没有在现场内的人们身上，也没有在宅院内；

所以，遗嘱在棺材里。

教书先生怒斥贪官

古代有位教书先生，专门为当地的老百姓打抱不平，他先后告倒了7个贪官污吏。知府听到这件事后，既恼怒又害怕，恼怒的是他太爱管闲事，害怕的是将来告到自己的头上。

为此，知府把教书先生传到衙门里，问："你为他人申冤告状，到底图的是什么？"

教书先生不卑不亢，说："我图的是'正义'二字。"

知府为了收买教书先生，说："假如我东边房子里有金钱和美女，西边房子里放有'正义'两个字。要你选择的话，你选择什么。"

教书先生明白知府的意图，毫不犹豫地说："我当然选择金钱和美女。"

听完教书先生的选择，知府哈哈大笑，说："就知道你不是个好人，表面上你装好人，在诱惑面前你露出了本来面目。如果要是我的话，一定选择'正义'。"

教书先生也哈哈一笑，说："大人有所不知，我和您不一样。我有的是正义，但是我缺少金钱和美女；您有金钱和美女，恰恰却缺少正义。所以，我们想要的也就不一样了。"

知府一听，大笑说："听这话，就知道你不是好人，要是我的话一定要'正义'。"

教书先生斥责贪官的话包含了如下两个不相容选言推理：

（1）要么要金钱美女，要么要正义；

我不要正义（因为我有的是正义）；

所以，我要金钱美女（因为我缺少金钱美女）。

（2）要么要金钱美女，要么要正义；

你（知府）不要金钱美女（因为你不缺金钱美女）；

所以，你要正义（因为你恰恰缺少正义）。

所谓不相容选言推理就是前提之一为不相容选言判断，并且根据不相容选言判断的逻辑性质进行推演的推理。不相容选言判断的逻辑特点是其肢判断断定的事物情况是不能并存的，不可同真的，而只能有一个肢判断断定的事物情况是存在的。不相容选言推理有否定肯定式和肯定否定式两个正确的推理形式。

否定肯定式的特点：前提中有两个判断，一个是不相容的选言判断，另一个是对这个不相容选言判断的一部分（或一个）选言肢的否定；结论是对该不相容选言判断的另一部分（或另一个）选言肢的肯定。

肯定否定式的特点：前提中的两个判断一个是不相容选言判断，另一个是对这个不相容选言判断一个选言肢的肯定；结论是对该不相容选言判断的另一部分（另一个）选言肢的否定。

不相容选言推理必须遵守两条规则：

第一，否定一部分（一个）选言肢，就要肯定另一个选言肢。

第二，肯定一个选言肢，就要否定另一部分（另一个）选言肢。

作为不相容选言推理前提之一的不相容选言判断的选言肢应当是穷尽的。否则，很可能遗漏了真实的可能情况，就不能必然地推出结论。

孔融反唇相讥

大家或许都听过孔融让梨的故事，幼小的孔融就懂得谦让。但你可能不知道，孔融小时候还是一个非常聪明的孩子。

据《世说新语》记载，孔融10岁时随父到了京城洛阳。当时朝廷的司隶校尉是大名士李膺，孔融去拜访他。到了李膺家门前，看门的不让他进去，

孔融灵机一动说："我是李膺大人的亲戚。"看门的就让他进去了。李膺见到孔融就问："你说你是我家亲戚，我与你有什么亲？"孔融从容不迫地说道："我的先人孔子曾经向您的先人老子请教过礼仪之事，所以我们孔、李两家当然有亲。"当时的客人都对这个10岁孩子的回答感到惊讶。之后来了一个叫陈韪的客人，听了这件事后不以为然，说："这有什么了不起？小时候聪明，长大了就不怎么样了。"孔融当然明白陈韪的意思，这是对自己的轻蔑，于是来个反唇相讥："我猜想您小时候必定很聪明。"在座的客人哄堂大笑，陈韪十分尴尬。

陈韪为什么尴尬？因为孔融巧妙地利用陈韪的话作为前提，加上自己的一句话，构成了一个假言推理：

如果小时候聪明，那么长大了就不怎么样；

我猜想您小时候聪明；

所以,您现在不怎么样。

面对这个假言推理,陈毖当然很尴尬,因为这个结论是从他自己的话中符合逻辑地得出的。其前提是一个充分条件假言命题,既然"小时候聪明"是"长大了就不怎么样"的充分条件,那么肯定了"您小时候聪明",就必然推出"您现在长大了就不怎么样"的结论。

所谓假言推理,就是前提或结论是假言命题,并依据假言命题的逻辑性质进行推演的演绎推理。由于假言命题有三种不同的类型,因此就相应有三种类型的假言推理,即充分条件假言推理、必要条件假言推理和充分而且必要条件假言推理。

王子与法官

相传古代有一位王子,他听说某城的一位法官断案十分精明,很想亲自考察一下。于是,王子化装成商人,骑着他的枣红马,朝着法官所在的城市走去。

在离城不远的地方,一个乞丐模样的人走过来,拦住王子的马,很有礼貌地对王子说:"我的腿坏了,请您把我带到城里去好吗?"王子看看此人怪可怜的,就答应了他的要求,让他也骑在马上,坐在自己的身后,策马向城里走去。到了城门口,王子对那乞丐模样的人说:"现在进城了,请你下马吧,我还有别的事情要办理。"没想到,那乞丐模样的人却说:"什么?让我下马,你说的倒好听,现在是你得下马,这匹马是我的,我不能再带你了。"说着,就把王子推下马来。王子当然不能容忍这样的诈骗犯,于是两人争吵起来,各不相让。守城的士兵劝他们不要争吵了,去见法官吧。两人便一起向法官的衙门走去。

当他们来到法官面前的时候，法官正在审理另外两个案子，一个是争女仆人案，一个是争金币案。他们只得在一旁等着，王子正好利用这个机会考察一下法官。

争女仆人的案情是这样的：一个学者和一个不识字的屠夫，都讲一个女仆是自己的，而且，都说这一女仆在自己家里服务多年了。这位女仆人则不敢讲自己的主人是谁。在争执不下的情况下，法官说："女仆人留下，你们明天到这里来听候宣判。"

争金币案的情况是这样的：一个卖油的人和一个卖菜的人争一枚金币。卖菜人说："刚才我到油铺打算买油，卖油的看到我手里有金币，就来抢，但他没有抢到手。"卖油人说："金币是我的，我请他把金币换成零钱，当我把金币给他以后，他就赖账。"法官仔细观察一下金币之后说："把金币留下，明日来听断。"

这两件案子审理过后，便轮到王子和乞丐了，他们两人各自把争执的情况述说一遍。法官听完后说："把马留下，明天上午来听候处理。"

第二天，王子来到衙门，看见法官对学者说："女仆是你的，把她带回去吧；屠夫是有罪的，应当处罚。"宣判之后，果然屠夫承认自己有罪，并交代了犯罪经过。

接着，王子又见法官对买菜的说："金币是你的，那个卖油的是个无赖，他将受到惩罚。"卖油的听到宣判，也低头认罪。

随后，法官分别带王子和乞丐模样的人到马厩里，那里有很多马，他们都不费力地认出了那匹枣红马。当他们回到公堂上以后，法官对王子说："马是你的，把它牵走吧。"法官还下令打乞丐模样的人五十鞭，乞丐模样的人也只得低头认罪。

事后，王子去见法官。法官说："你对判决有什么不满意的地方吗？"王子回答说："很满意。"然后，王子向法官公开了自己的身份，说明自己是专门来拜访的，并要求法官告诉他是怎么审理这三案的。法官满足了王子的要求，说明了审理这三案的经过。

故事中的法官确实是很聪明的。他不仅有着丰富的实践经验，而且能够细致地观察事物，熟练地进行正确的逻辑推理。在审理这三个案子中，假言推理帮了他的大忙。

我们先看法官审理"争女仆案"的思维过程。

法官考虑到，学者和不识字的屠夫有着不同的生活方式。作为仆人，且属于工作多年的仆人，应当适应并熟悉主人的生活方式，具备为主人服务的条件。基于上面的分析，法官从倒墨水的动作出发，首先做出这样的假言判断，如果仆人能熟练地倒墨水，那么她就是学者的仆人。接下来，法官进一步证实这个仆人能够熟练地倒墨水，所以法官得出了结论：她是学者的仆人。这是充分条件假言推理肯定前件式，是正确的。但法官不满足于进行一次推理，又从另一方面加以验证：如果仆人的主人是不识字的屠夫，那么仆人则不需要掌握倒墨水这一技术，现在这女仆人能熟练地倒墨水，因而这女仆人不是屠夫的。这是充分条件假言推理的否定后件式。

在判定"争金币案"时，法官的思维过程是这样的：

按卖油人的说法，他因为想将金币换为零币而给买菜的，也就是说，金币是他经手交给卖菜人的。而经法官的观察，卖油的双手沾满油迹，如果金币经卖油的手交给卖菜的，则金币上一定沾有油迹。在这样分析的基础上，法官进行了如下的推理：只要金币是卖油的交给卖菜的，那么，金币上就会沾有油迹；现在的情况是金币上没有油迹，那么金币没有经过卖油人的手，因此，金币是属于卖菜人所有，而不是属于卖油人的。这个推理是充分条件假言推理的否定后件式。小前提否定大前提假言判断的后件，结论就可以否定大前提的前件。

在第三个案子"争马案"中，马是谁的？从王子和乞丐模样的人的自述中，很难判别谁是谁非来，而且王子和乞丐模样的人都能从马群中认出那匹马来，这就增加了案情的复杂性。聪明的法官却从"马"入手，展开推理。这里的假言推理的大前提是，马只有在看到主人时，才有亲热的表现。这是一个充分必要条件假言判断。法官以这一充分必要条件的假言判断为基础，展开了正反交相进行的推理。实际情况是，马对王子有亲热的表示，而对乞丐模样的人没有亲热的表示。所以，马是属于王子而不是属于乞丐模样的人的。这里，法官交相运用了充分必要条件假言推理的四种形式，即充分必要条件假言推理的肯定前件式、肯定后件式、否定前件式、否定后件式。

究竟谁先骗了谁

一位漂亮年轻的美女正在大街上行走，迎面走来的一位男子被她的美貌深深吸引。二人擦肩而过后，男子停下脚步，略加思考，便转身跟在美女身后。走在前方的美女感觉到后面有人跟随，便顺势拐进一个胡同，男子也跟了进去。

美女大约走了三十几步后，停了下来，问身后的男子："你为什么跟着我，你想干什么？"

男子见美女率先发问，觉得机会来了，就殷勤地说："当我第一眼看到你时，便爱上了你，希望你给我一次爱你的机会。"

美女抿唇一笑，说："大街上的美女那么多，为什么偏偏爱上我呢？"

男子回答道："你是我见到的女性中，长得最漂亮的一位。"

"谢谢你的夸奖。你可能没有见到真正漂亮的美女。就在你的身后，我的姐姐正向这边走来，她比我漂亮10倍，你去爱她吧！"美女对男子说完后，继续向前走。

男子听到后，马上转过脸。果然一位女人走过来，不过不是美女，而是一位丑陋的老太婆。男子顿时有种被欺骗的感觉，向前追几步，拦在美女面前，说："你为什么欺骗我？"

美女反驳道："是你先骗了我。要知道，假如你真的爱我的话，就不该去寻找别的女人，你为什么回头去看我的姐姐呢？"

上述故事中，小姐运用充分条件假言推理的否定后件式论证男子先骗了她，很有说服力。这个推理的完整形式是：

如果你真正爱我，你就不会去找别的女人；

你现在去找别的女人；

所以，你并不真正爱我。

充分条件假言推理就是前提之一为充分条件假言判断，并且根据充分条件假言判断的逻辑特点进行推演的推理。充分条件假言判断的逻辑特点是：有前件就一定有后件，没有后件就一定没有前件；没有前件，不一定没有后件，有后件不一定有前件。因此，对于充分条件假言推理来说，我们可以由前件存在推出后件必然存在，可以由后件不存在推出前件必然不存在。这样，充分条件假言推理就有肯定前件式和否定后件式两个正确的推理形式。对于充分条件假言推理来说，不能由前件不存在必然推出后件是否存在，也不能由后件存在必然推出前件是否存在。这样，充分条件假言推理就没有否定前件式和肯定后件式。

在一个剧场里，演出正在进行。这时，一位观众站起身来，沿着他那排座位走了出来，然后去了休息室。几分钟后，他又回来想找到自己坐的那排座位。仅凭印象，他走到刚才走出来的那排座位前，问这排座位上的第一位观众："请问，我刚才踩的是您的脚吗？"

"对，不过没关系，一点也不痛了。"

"不，我不是这个意思，我只是想证实一下我是不是坐这一排。"

被踩脚的观众显然是误解了对方的意思。他从自己的背景知识以及看问题的方式出发去理解对方的问话，以为对方是因不小心踩了他的脚而准备道歉。他的推理是这样的：

如果踩我脚的人这样问我，那肯定他是要来向我道歉；

现在，踩我脚的人这样问我；

所以，他肯定是要来向我道歉。

他这个推理的大前提是不成立的，因为踩他脚的那位观众根本就不是这个意思。当那位观众毫不客气地否定了他的这一前提时，他才如梦初醒：原来刚才对方是故意踩了他一脚。正由于被踩脚者推理的大前提不成立，所以，尽管他的推理使用了充分条件假言推理的肯定前件式，但这只是推理形式的正确，而并不是推理本身的正确，这个推理的结论仍然还是不真实的。

从踩脚者一方来说，他在踩别人的脚之前也进行过推理，想证实自己坐在哪一排是他需要通过推理去知道的结论，而这个结论的得出是必须以对方的回答为前提的：如果对方回答说"是"，或者对方的答话中隐含了"是"，那就可以由此推出自己就坐在答话人这一排；如果对方回答说"不是"，或者对方的答话中隐含了"不是"，那就可以由此推出自己并不是坐在答话人这一排。

无论答话人回答什么，由于踩脚者推理的大前提是充分条件假言判断，因此，他都可以利用充分条件假言推理的肯定前件式，从肯定前件，到肯定后件，从而得出自己所需要的结论。

当那位被踩了脚的观众回答他说"对，没关系"时，这等于给了他一个肯定前件的小前提，由此，他很顺利地推出了自己就是坐在这一排的结论。

巧媳妇智斗知府

巧姑是个聪明能干的少妇，她公公张老汉让她管家。巧姑把家务处理得有条不紊，张老汉一时高兴就在大门口贴上"万事不求人"5

个大字。

知府老爷存心要整一整张老汉。有一天，知府老爷对张老汉说："你说得出这种大话，想必有大本事。好吧！限你三天之内，替我找出三件东西来。一要一头大公牛生的牛犊，二要灌得满大海的清油，三要一块遮天的黑布。要是找不出来，就办你个欺官之罪！"

张老汉回家以后，愁眉苦脸，吃不下饭，睡不着觉。巧姑问公公有什么愁闷的事，张老汉把知府的话告诉给巧姑。巧姑一听，就说："你放心吧，这差事就让我来对付。"

过了三天，知府老爷来了。一进门便叫道："张老头，快出来！"

巧姑走上前说："禀大人，我公公没在家。"

知府瞪着眼说："他敢逃跑，他还有官差在身。"

巧姑说："他没有逃跑，是生孩子去了。"

知府奇怪起来了，说："世上只有女人才生孩子，哪有男人生孩子的？"

巧姑说："你既然知道男人不能生孩子，为什么又要大公牛生的牛犊呢？"

知府一时无言答对，停了好久只得说道："这一件不要他办了，还有灌海的清油呢？"

巧姑说："请大人把海水弄干，马上就灌。"

知府说："海那么大，不可能弄得干。"

巧姑说："要是不弄干，海里白茫茫的一片水，油又往哪儿灌呢？"

知府的脸一下子就羞红了，便说道："这一件也不要了，还有遮天的黑布呢？"

巧姑说："请问大人，天有多宽？"

知府说："谁也没有量过，哪个晓得它有多宽。"

"既然不晓得天有多宽，那叫我们怎么去扯布呢？"

这样一来，知府老爷再也没有话说了。他红着脸，匆匆忙忙地钻进轿里跑了。

故事中的巧媳妇在智斗知府老爷的过程中，用了四个推理，其中有三个假言推理，这三个推理都是必要条件假言推理：

（1）只有女人才能生孩子，我公公不是女人，所以，我公公不能生孩子。

（2）只有弄干海水，才能往海里灌清油；既然弄不干海水，那么就不能往海里灌清油。

（3）只有晓得天有多宽，才能去扯遮天的黑布；既然不晓得天有多宽，所以不能去扯遮天的黑布。

这三个推理都是必要条件假言推理的否定前件式，它们都是有效的。必要条件假言推理有两个有效式，分别是否定前件式和肯定后件式。

否定前件式和肯定后件式在充分条件假言推理中是两个无效式，但在必要条件假言推理中却是有效式；肯定前件式和否定后件式在充分条件假言推理中是有效的，但在必要条件假言推理中却是无效的。

以上四个推理式的有效和无效是由必要条件假言推理的逻辑性质所决定的。根据必要条件的逻辑性质，可以得出必要条件假言推理的规则：

否定前件就要否定后件，肯定后件就要肯定前件。

肯定前件不能肯定后件，否定后件不能否定前件。

故事中，巧媳妇所用的三个推理都是必要条件假言推理的否定前件式，都符合必要条件假言推理的"否定前件就要否定后件"的规则。否定前件式是必要条件假言推理最常用的推理式。

例如：

章太炎的某弟子从欧洲学成回国，来拜见老师。见面后，他谈论西方的科学实验，强调说一切事物必须亲眼看到，才算真实可靠。章太炎听后，很不高兴地问："你有没有曾祖？"弟子回答："老师，我怎么会没有曾祖呢？"章太炎说："那么，你看到过你的曾祖吗？"

在这里章太炎就用了一个这样的推理：

只有亲眼看到的，才是真实的；

你没有看到你的曾祖；

所以，你的曾祖不是真实存在的。

这个推理也是必要条件假言推理的否定前件式。不过它虽然形式有效，却仍然得出了错误的结论。这是因为章太炎的那个学生所说的"只有亲眼看到的，才是真实的"这个前提是虚假的。章太炎在这里实际上用的是归谬法，意在指出对方的错误。

一旦掌握了必要条件假言推理的四个推理式，我们就可以把一些常见的命题代进去，从而构造出四个推理式来。通过考察这些推理式的真假情况，可以加深我们对这些常见命题的理解。

"内行外效"坏风气

齐灵公在位期间，荒淫无度，成天过着花天酒地的生活。他老想着变换花样，尽情寻欢作乐，今天喜欢这样，明天又想着那样。有一段日子里，他突发奇想，花样翻新，让宫廷的几个侍女都穿上男人的衣服，他一边喝酒，一边让这些女人上前来，供他赏玩。那些女人为讨得国君欢心，也故意做出各种媚态，从他面前搔首弄姿缓缓走过。历来看惯了宫内打扮得花团锦簇的女人，再看到面前这些女扮男装的女人，灵公感到十分新鲜有趣。喝着酒，色迷迷地连声说："好看！好看！有意思！"边说边下令赏赐物品给这些女人，又让宫内其他妇女也都穿上男装。

晏子知道这件事后，上朝拜见灵公，诚恳地对灵公说："陛下，您这样做不好啊！本来您让宫内妇女女扮男装，我作为臣子不便干涉，但我认为这样影响不好，大家都仿效着这样穿，事情就糟了。"灵公这时已迷上了这件事，便毫不在意地对晏子说："我只让宫内妇女这样打扮，我看着觉得高兴。况且也只是让妇女穿穿男子的衣服，一件小事，好玩而已，您就不必多虑了！"晏子无奈，只好告辞回家，心里却一直为这事担忧。

过了不久，国君喜欢穿男装的女人这件事传到宫外，于是齐国妇女都仿效起来。既然是国君喜欢的，自然就是好的，女人无论老少，都穿上了男装，女扮男装在齐国蔚然成风。女人穿上了男装，男女不分，整个齐国人都搞得不伦不类了。

灵公原以为只是在宫内玩玩而已，无损大局，待到大臣们将市民百姓女扮男装的情况向他报告之后，灵公也感到这样有损一国的尊严，对自己没有好处，于是急忙派官吏去禁止，并发布命令说："三天之后，再看到女子穿男人服装的，就给我撕破她们的衣服，扯断她们的衣带，看谁还敢再穿！"齐灵公心想，我发出这样的严令，女人们该换上女人装了吧。

命令发出去了。三日后，灵公派许多官员上街巡视，可是仍有许多女人照样穿着男装在街上行走。官吏凶狠地上去撕破了她们的衣服，扯断了她们的衣带，将她们赶回去。不久，到处都可看到被撕破衣服的妇女，可是，女扮男装的风气仍不能制止。这下，齐灵公感到着急了，可一时却又想不出一个好办法来。

这一天，晏子上朝拜见灵公，灵公急不可待地对晏子说："当初没有听您的劝告，现在齐国女扮男装已四处流行，我几次下令禁止，并派了官员采取了行动，可还是禁止不了，这是什么原因呢？您说，该怎么办才行？"

晏子接着说："您对外面下禁令，派官吏去禁止女穿男装，可是您在宫中却鼓励、纵容妇女们着男子服装，这就好比挂的是牛头，卖的是马肉，内行外效，南辕北辙，这样怎么能禁止得了呢？如果您真想要禁止的话，就应该先从宫中开始禁起，这才能奏效。"

灵公觉得晏子的话有点刺耳，但又想不出别的办法，只好无可奈何地说："那您说吧，我应该怎么办？"晏子说："很简单，下令在宫内禁止女扮男装！"灵公只有答应，说："好吧，我按您说的办！"于是狠心下了命令，宫内再有女子穿男人衣服的，必受重罚。

第二天，宫内妇女都穿上了女儿装，妇女们相互一打量，还是感到穿上女装漂亮，灵公看了也觉得十分顺眼。这样，不到一个月，全国上下，再也没有一个妇女敢穿男装了。

故事中包含了一个充分必要假言推理，其推理形式为：

（1）当且仅当只有内行，才外效；

内行；

所以，外效。

（2）当且仅当只有内行，才外效；

内不行；

所以，不外效。

充分必要条件假言推理是前提之一为充分必要条件假言判断，并且根据充分必要条件假言判断的逻辑特点进行推演的推理。充分必要条件假言判断的逻辑特点是：前件对于后件来说既是充分的，又是必要的。即前件存在，后件必定存在；前件不存在，后件必定不存在；后件存在，前件必定存在；后件不存在，前件必定不存在。这样，充分必要条件假言推理就有肯定前件式、否定后件式、否定前件式、肯定后件式四个有效的推理形式。

充分必要条件假言推理的推理规则有四条：

第一，肯定前件就要肯定后件；

第二，否定后件就要否定前件；

第三，否定前件就要否定后件；

第四，肯定后件就要肯定前件。

"以输换赢"连环扣

一位下士因工作需要调动到另一个地方，报到时这位下士拿出一个信封，里面有他原上司给新上司写的纸条。新上司撕开信封，拿出纸条，上面写着："此人好赌，如果能够戒掉，就是一位好士兵。"

新上司看了一眼面前的下士，觉得他没有什么特别之处，怎么偏偏喜欢打赌呢？想到这里，新上司脱口而出，说："你喜欢赌什么？"

下士回答道："什么都赌。"

新上司眼光里带着一缕不屑，说："口气可真不小……"他还想继续说下去，下士却打断了他的话，说："比方说，我敢赌您右臂下有颗胎痣。如果没有，我就输给您一周的薪金。"

"好！"新上司立即脱掉上衣，证明自己并无胎痣，随后接过了下士的一周薪金。

事后，他扬扬自得地告诉下士的原上司："你那好赌的士兵被我治了一下！"

"别得意了。"对方答道，"他在出发前就同我赌2000英镑，说他一见你就能让你打赤膊，结果你让他赌赢了！"

这位下士可算得上是一位惯赌，他把两次与不同对象的打赌联系得天衣无缝。他同新上司打赌虽然输了，但这恰恰成了赢原上司的条件，输了一周薪金，却赢了2000英镑，真是划算的买卖。

这位下士是用充分条件纯假言推理把两次不同的赌博联系在一起的，其推理过程为：

如果我说新上司右臂下有一胎痣并以此和他打赌，那么他一定认为我输了；

如果他一定认为我输，那么他一定和我打赌；

如果他和我打赌，那么他就要证明我说的不对；

如果他要证明我说的不对，那么他就得打赤膊；

如果他打赤膊，那么和原上司打赌肯定我赢了；

所以，如果我说新上司右臂下有一胎痣并以此和他打赌，那么和原上司打的赌肯定我赢了。

纯假言推理是前提与结论都是假言判断的假言推理。在纯假言推理中，前一个假言判断的后件和后一个假言判断的前件相同，它由几个假言判断联结起来。纯假言推理的前提可以是两个，也可以是多个。纯假言推理包括充分条件纯假言推理、必要条件纯假言推理和混合条件纯假言推理。

充分条件纯假言推理是完全以充分条件假言判断做前提的假言推理。它有肯定前件式和否定后件式两种推理形式。充分条件纯假言推理的前提都是充分条件假言判断，这种推理的性质和充分条件假言推理的性质相同，因而，这种推理必须遵守充分条件假言推理的规则。

必要条件纯假言推理是完全以必要条件假言判断做前提的纯假言推理，这种推理有否定前件式和肯定后件式两种形式。必要条件纯假言推理和必要条件假言推理的性质相同。这种推理必须遵守必要条件假言推理的规则。

混合条件纯假言推理是以充分必要条件假言判断与充分条件假言判断（或必要条件假言判断）为前提的纯假言推理。常见的形式有两种：第一种形式是由充分必要条件假言判断与充分条件假言判断为前提的纯假言推理；第二种形式是以充分必要条件假言判断与必要条件假言判为前提的纯假言推理。这种形式的混合条件纯假言推理要遵守"否定前件就要否定后件"的必要条件假言推理的规则。

有功亦诛，无功亦诛

公元前208年12月，楚国将领项羽率领数万军队渡过黄河，破釜沉舟，来到被秦国军队围困的巨鹿城下。经过多次激烈的战斗之后，项羽和六国的军队，活捉了秦军的大将王离，杀死了秦将苏角，秦将涉间也举火自焚，巨鹿之战取得了胜利。但这时秦军的主将章邯仍有20多万大军驻扎在巨鹿之南的棘原，他们仍然具有击败缺少粮草的项羽军队的实力。但就在两军即将决战之际，章邯却未战先怯，竟然派人跟项羽联系投降。这是为什么呢？请看《史记·项羽本纪》中的一段记载：

章邯军棘原，项羽军漳南，相持未战。秦军数却，二世使人让章邯。章邯恐，使长史欣请事。至咸阳，留司马门三日，赵高不见，有不信之心。长史欣恐，还走其军，不敢出故道。赵高果使人追之，不及。欣至军，报曰："赵高用事于中，下无可为者。今战能胜，高必嫉妒吾功；战不能胜，不免于死。愿将军孰计之。"陈馀亦遗章邯书曰："白起为秦将，南征鄢郢，北坑马服，攻城略地，不可胜计，而竟赐死。蒙恬为秦将，北逐戎人，开榆中地数千里，竟斩阳周。何者？攻多，秦不能尽封，因以法诛之。今将军为秦将三岁矣，所亡失以十万数，而诸侯并起滋益多。彼赵高素谀日久，今事急，亦恐二世诛之，故欲以法诛将军以塞责，使人更代将军以脱其祸。夫将军居外久，多内隙，有功亦诛，无功亦诛。且天之亡秦，无愚智皆知之。今将军内不能直谏，外为亡国将，孤特独立而欲常存，岂不哀哉！将军何不还兵与诸侯为从，约共攻秦，分王其地，南面称孤；此孰与身伏斧质，妻子为戮乎？"章邯狐疑，阴使侯始成使项羽，欲约。

原来，章邯的部将长史欣和敌人陈馀分别给章邯构造了一个推理，正是这两个推理使得章邯左右为难，最后选择了投降。而投降的结果，不仅意味着秦国主力部队的全军覆没，而且后来跟随他投降的20多万秦军精锐部队也全被项羽坑杀了，从而使得后来统治秦国地区的章邯失了民心，为刘邦顺利收复秦地、进而夺取天下创造了有利条件。因而这两个推理在中国历史上意义非凡。这两个推理在逻辑上被称之为二难推理。

章邯的部将长史欣给章邯构造的二难推理是：

今战能胜，高必忌妒吾功；

战不能胜，不免；

（或者能胜，或者不能胜；）

（所以，或者被赵高忌妒，或者被杀死。）

章邯的对手陈馀给章邯构造的二难推理是：

有功亦诛，

无功亦诛。

（或者有功，或者无功；）

（所以，你都要被诛杀。）

这两个推理异曲同工，都指出如果章邯跟项羽进行决战，那么不管他是胜利还是失败，他的下场都是死。面对这两个二难推理，章邯无奈之下，只好选择了投降。

二难推理是一种在古今中外应用非常广泛的推理。下面是元人姚燧的一首散曲《寄征衣》，全文如下：

欲寄君衣君不还，不寄君衣君又寒。寄与不寄间，妾身千万难。

这只曲子是模拟独守在家的妇女的口吻而写的。在曲中，这位妇女给在外戍边的丈夫做好了冬天穿的棉衣，但在给丈夫寄衣服的时候，多情多虑的她犹豫不决：如果给丈夫寄去冬衣，他穿得暖暖和和，就不回家了，那她就只能独自在家忍受寂寞了；如果不给丈夫寄冬衣，那他在外地就要挨冻;那么她到底是寄还是不寄呢?

这个推理也是一个典型的二难推理。

二难推理又叫假言选言推理,它是由两个假言命题和一个选言命题做前提,推出一个选言命题做结论的推理形式。上面姚燧的那首散曲,其完整的推理过程是:

如果给他寄衣服,他就不回来跟我团聚;

如果不给他寄衣服,他就要挨冻;

或者寄衣服,或者不寄衣服;

所以,他或者不回来跟我团聚,或者挨冻。

这个推理的结论是一个有两个选言肢的选言命题,但对于这个少妇来说,这两个选言肢都是她难以接受的。所以她寄也难,不寄也难,这就是这种推理被称作二难推理的原因。

二难推理的前提是充分条件假言命题和选言命题,所以二难推理是根据充分条件假言命题和选言命题的逻辑性质进行的。具体来说,一个正确的二难推理,就要符合充分条件假言推理的"肯定前件就要肯定后件,否定后件就要否定前件"的规则。

半费之讼

普罗泰戈拉是古希腊时期一位非常善于辩论的人物。有一次,他收下了一个学生,这个学生想跟着他学关于如何打赢官司的知识。师生商定,由学生先付一半学费给老师,另一半学费暂且不付,什么时候学生打赢了第一次官司,什么时候再付另一半学费。但是,这个学生学业结束后很长时间都没有出庭为人辩护。老师等那一半学费等得不耐烦了,就去找学生讨债,学生拿出当初二人订的合同,说现在还不到付另一半学费的时候。老师急了，要去法庭起诉，并对学生说："如果我打赢这场官司，那么按法庭判决你要给我那一半学费；如果我打输了这场官司，那么按合同规定你也要付我那一半学费；我或者打赢，或者打输；总之，你都要给我那一半学费。"

学生马上说："正相反。如果你打赢了这场官司，那么按合同规定，我就不付你另一半学费了；而如果你打输了这场官司，那么按法庭判决，我也不付你另一半学费；你或者打赢，或者打输；总之，我都不付你那一半学费。你敢去告我吗？"

有名的辩者普罗泰戈拉一时竟被驳斥得无言以对。

一个二难推理，如果它是错误的，无非有两种可能：一种是推理形式不正确，另一种是推理的前提虚假。

攻破一个错误的二难推理，除可以指出它的推理形式不正确或指出它的推理前提虚假并予以驳斥之外，还有第三种方法，这就是构造一个与原来的二难推理正相反的二难推理，使对方反而处于两难境地。

以上小品中，普罗泰戈拉起初是想用一个二难推理唬住他的学生，但他这个二难推理有一个前提并不成立：既然是由法庭判决，那么官司打输了，根据法庭判决，学生是不交另一半学费的，怎么还能再根据合同办事呢？

学生的论辩知识的确学得不错，他很快就发现了老师所用二难推理的错误所在，但他没有去直接指出其错误，而是构造了一个与老师的二难推理正相反的二难推理，从而攻破了老师的二难推理。

不过，学生的二难推理有一个前提也是不成立的：既然是由法庭判决，那么官司打输了，根据法庭判决，他就应该交那一半学费，怎么还能再根据合同而拒不交付呢？

所以，学生实际上是用一个同样错误的二难推理攻破了老师那个错误的二难推理，这就叫以毒攻毒，以其人之道，还治其人之身。

第五章

非演绎推理：抓住事物变化与发展的纲

非演绎推理包括归纳推理和类比推理两种推理形式。归纳推理是根据一类事物的部分对象具有某种性质，推出这类事物的所有对象都具有这种性质的推理过程。归纳是从特殊到一般的过程，它属于合情推理。类比推理是根据两个或两类对象有部分属性相同，从而推出它们的其他属性也相同的推理。

进入3号房间之后

有一次,美国财政部长贝克在一个俱乐部的晚接会上,当着总统里根以及其他美国头面人物的面,讲了这样一个笑话:

昨晚我作了一个梦,梦见三位最有权势的美国人——总统、众议院议长、联邦储备局局长,突然先后去世。三人在圣·彼得的客厅会面。这时,从内部通话器内传出一个声音,要总统到1号房间去。总统进去后,看到一只大猩猩。通话器又响了:"罗纳德·里根,你有罪孽,必须永远同这只猩猩在一起。"通话器接着指示众议院议长奥尼尔到2号房间去,在那儿他见到一条疯狗,通话器又响起来:"你有罪孽,必须永远同这条疯狗待在一块。"然后通话器又要联邦储备局局长保罗·沃尔克进入3号房间。进去之后,他发现,自己同波·德瑞克(美国一位年轻、漂亮、很有魅力的女演员)在一起。通话器又响起:"德里克,你有罪孽……"

当里根和奥尼尔先后进入1号房间和2号房间,并且当他们都遇到了可怕的动物时,人们很自然地会以为:凡是进去的人都要和可怕的动物待在一起,因而沃尔克也要和可怕的动物待在一起。但是,当沃尔克进入3号房间后,人们的这种想法失败了:沃尔克看见的不仅不是可怕的动物,而且还是一位年轻、漂亮、很有魅力的女演员。这时人们又会推想:是不是沃尔克没有罪孽,因而才有此等好运气。而这种抱怨又是以"凡是有罪孽的都是和可怕的动物待在一起的"这样一个判断为前提的。然而，当通话器再一次响起时，人们的这种推想又失败了；原来，让沃尔克与女明星在一起并不是为了要对沃尔克怎么样，而是为了要惩罚女明星，这样一来，沃尔克本人就与前两个房间的猩猩、疯狗成了一类动物了，这样可怕的动物，显然要比里根、奥尼尔两人的罪孽更大。

以上小品中，人们在得出"凡是进去的人都要和可怕的动物待在一起"、"凡是有罪孽的都是和可怕的动物待在一起"这样两个结论时，所用的推理就是归纳推理。

那么，什么是归纳推理呢？

所谓归纳推理，指的是以个别性或特殊性知识为前提推出一般性知识做结论的推理。例如：

金加热体积膨胀；

银加热体积膨胀；

铜加热体积膨胀；

铁加热体积膨胀；

（金、银、铜、铁都是金属）

所以，凡金属加热体积都膨胀。

在以上这个推理中，前提中的知识都是个别性的，结论中的知识则是一般性的，结论是从前提中概括出来的。下面，我们再把上面小品中涉及的两个归纳推理列举一下：

（1）里根进去要和可怕的动物待在一起；

奥尼尔进去要和可怕的动物待在一起；

（里根和奥尼尔都是进去的人）

所以，凡是进去的人都要和可怕的动物待在一起。

（2）里根是和可怕的动物待在一起；

奥尼尔是和可怕的动物待在一起；

所以，凡是有罪孽的人是和可怕的动物待在一起的。

正因为以上两个推理的结论并不是必然的,所以,以它们为前提推出"沃尔克也要和可怕的动物待在一起"、"沃尔克是没有罪孽的"这样的结论,也是靠不住的。

归纳推理既然是由个别性或特殊性的知识推出一般性的知识做结论,那么,前提中所列举的个别性或特殊性知识就有两种可能:一种是列举了一类事物个别的或特殊的对象,从而推出了关于这类事物全体的结论;另一种是没有把一类事物的全部对象列举出来,而只是根据部分对象推出关于该类事物全体的结论。这样一来,归纳推理实际上就分成了两类:完全归纳推理和不完全归纳推理。

火鸡的归纳推理

火鸡饲养场中,有一只非常善于利用归纳逻辑的火鸡,它在来到这里的第一天就发现,饲养员会在上午10点给它提供早餐。但它没有立刻做出结论,而是进行了大量观察和考证,无论是晴天还是雨天、热天还是冷天、工作日还是周末……它的观察从未间断。最后,通过严密的归纳推理,它得出了这样的结论:"饲养员会在上午10点钟为它提供早餐。"但是,事情没有它归纳出的那样简单。在圣诞节前夕,饲养员没有再为它提供早餐,而是直接把它宰杀了,因此它通过观察得出的结论便不成立了。大概火鸡在临终前非常困惑,为什么饲养员不按常理出牌呢?

这个故事真正讽刺的不是火鸡,而是归纳主义者。科学确实始于观察,并且也可以通过观察得出一些可靠结论,但这种通过观察归纳出来的结论存在着一定的局限性,因此归纳得出的结论不一定完全正确,有的甚至会存在十分离谱的错误。

任何事物都处在不断地变化之中，就算人类也不可能发现所有规律。幸运的是，人类掌握了可行的认知体系，虽然这并不是什么终极真理，但它可以有逻辑地为人类重复检验事物的特性，保证为人类提供最可靠的认识，只是人类的认识能力也存在一定的局限性，所以这种认识可能在将来的某一天被推翻，但这也是不可避免的事情。

其实，人类无法对所有事物都做出结论，因为有些事情暂时是无法解释清楚的。假如世界是上帝创造出来的，而人类归纳出来的自然规律只是上帝随意设定的游戏规则，很可能某一天上帝会将这种游戏规则完全改变。比如，取消万有引力，这样人从高处跳下来也不会出现任何伤亡，反而会悬浮在空中，实现"飞天遁地"。虽然人们都能想到这种可能性，却没有任何人愿意从高处跳下来，因为上帝并没有将取消万有引力的确切时间告诉我们，所以没有任何人做出违反前人总结出来的经验。如果有人想要自杀，那么就另当别论了。上帝或许有权嘲笑我们的懦弱，但没有任何人知道上帝会在什么时间取消万有引力，所以没有任何人有权嘲笑我们这种看似懦弱的做法。

归纳主义者火鸡的故事也是一样的道理，假如将火鸡比作我们，那么火鸡饲养员就是上帝，所以没有任何火鸡可以归纳出饲养员会在什么时间宰杀它们，这就是火鸡认识上存在的局限性。但这只火鸡可以通过观察归纳出饲养员的喂食规律，让它可以更好地调整自己的作息时间。例如，有一只火鸡对这种归纳逻辑持怀疑态度，因为通过这种方法并不能排除 10 点钟存在其他危险的可能性，所以它从来不在 10 点钟去吃食，因此没过几天就被饿死了。

这种归纳逻辑展现出来的道理是十分简单明了的，善于归纳的火鸡无疑是颇具智慧的，因为以观察论证得出的结论来指导未来的行动无疑可以节省很多时间，但我们不能以未知可能性为依据做出判断，不然只能贻笑大方。

根根划得着的火柴有何用

从前,有一个吝啬的财主叫他的伙计去给他买一盒火柴,一再叮嘱每根火柴都要划得着,有一根划不着也不要。伙计按照财主的嘱咐把火柴买了回来。财主拿过火柴,一连划了好几根都擦不出一点火星来。于是,他生气地质问伙计:"我不是说让你买每一根都划得着的火柴吗?你怎么买的?"

伙计说:"是呀,刚才我买的时候每一根都划过了,都能划得着呀。"财主一听,直气得七窍生烟,一句话也说不上来。

以上笑话中财主的要求过于苛刻,但伙计的做法更绝。要想知道每一根火柴是否都划得着,挑几根有代表性的拿出来试一下就可以了,没有必要一根根都划过,划过的火柴还有什么用呢?

从逻辑上讲,伙计运用了完全归纳推理整治了财主:你要求买来的火柴每根都划得着,而只有一根根试一下才知道。

所谓完全归纳推理在前提中考察的是某类的全部对象,而不是某类的部分对象,结论所断定的范围没有超出前提所断定的范围。因而,前提与结论之间的联系是必然的。当做到以下两点时,应用完全归纳推理就能推出真实可靠的结论。这两点是:第一,前提中所考察的个别对象是某类的全部对象。第二,前提中对某个个别对象的断定是真的。

完全归纳推理既具有归纳推理的特征,又具有演绎推理的特征。说它具有归纳推理的特征是因为它是归纳推理的一种,它的前提是个别的,结论是一般的。说它具有演绎推理的特征是因为其结论所断定的范围没有超出前提所断定的范围,前提与结论之间的联系是必然的。

有位师父带有两个徒弟。这两个徒弟在学习手艺方面都很用功，他们的手都一样的巧。为了考察哪一位徒弟更聪明些，有一天师父把两个徒弟叫过来，指着面前两箩筐花生，对他们说："你们每人领一箩筐花生，将它们剥皮，看一看每一粒花生米是否都被粉衣包裹着，看谁先回答我的问题。"

大徒弟听完后，端起一箩筐花生，一路小跑回到家中，连饭都顾不上吃，急急忙忙地剥了起来。

二徒弟则不然，他不像大师兄那样匆忙，而是不慌不忙地端着一箩筐花生也回到家中。为了验证每一粒花生米是否都被粉衣包着，二徒弟从箩筐里挑几个大的，又挑几个小的；挑几个饱满的，又挑几个干瘪的；挑几个三个仁的，又挑几个两个仁的和一个仁的。然后，他把这些大小不同、饱满不同的花生逐一剥开，结果发现每一粒花生米都被粉衣包裹着。于是，他对自己说："不用全部剥完了，我知道答案了。"

大徒弟自从上午领到任务后，一直忙到傍晚，才把一箩筐花生剥完。看到自己得到了答案，大徒弟顾不上喝一口水，便兴冲冲地向师父家走去。当他到了师父家后，发现师弟已经在那里了。

师父见两个徒弟都来了，就指着二徒弟说："你先到的，你就先回答我的问题吧。"

二徒弟说："我把各种不同的花生都找了几个，把它们剥了壳，就知道所有的花生仁都有粉衣包着了。"

大徒弟听了，恍然大悟，说："原来还可以这样做，师弟真聪明！"

在这个故事中，大徒弟用的是完全归纳推理，二徒弟用的是不完全归纳推理。显然大徒弟的办法太笨了。

由于完全归纳推理必须考察一类事物中的所有对象，这决定完全归纳推理有其局限性。当人们所要考察的对象是一个包含无限分子或数量极大的分子时，就根本无法或很难使用完全归纳推理。比如，人们无法运用完全归纳推理推出"太阳每天都东升西落"这一结论，因为具体的个人没有亲眼见过历史上太阳是否东升西落，更无法知道身后太阳是否东升西落。这就为不完全归纳推理提供了用武之地。

谁是凶手

简单枚举归纳推理是一种不完全归纳推理。不完全归纳推理是根据一类事物中的部分对象具有某种属性，从而推出该类对象都具有某种属性的推理。它的前提只是断定了某类事物中部分对象具有某种属性，而结论却断定了该类全部对象都具有某种属性。换言之，结论所断定的范围超出了前提所断定的范围。因而前提与结论之间的联系是或然性的。不完全归纳推理包括简单枚举归纳推理和科学归纳推理。

简单枚举归纳推理的根据是事物情况的多次重复而且没有遇到相反情况。这种推理没有分析事物情况出现的原因，因而它的结论不是很可靠的。因为人们在特定时期特定范围考察某类部分对象没有遇到相反事例，这并不等于别的地方不存在反面事例，更不等于将来不可能出现反面事例。一旦发现相反情况，结论就会被推翻。例如，故事《谁是凶手》中小明运用简单枚举归纳推理得出的结论就是很不可靠的。

刑警队长张成为一桩凶杀案和大家忙了好几天了，还是一点线索也没有。这天，他回到家里，躺在沙发上，不停地抽烟，苦苦思索着案情。

"爸爸，你别急，我知道凶手在哪里。"10岁的儿子小明安慰着父亲。

"在哪儿？你会知道？"

"就在你们破案人中间。"

"你简直是胡说八道。"

"报纸上登的连载小说《刑警队长》、《第六双足迹》、《检察官》，还有电影《第十个弹孔》、《蝙蝠》，还有好多好多，凶手不都是在破案人中间找到的吗？"

这里有两点值得指出：第一，影视上面将杀人凶手模式化，这是艺术的需要，并不真正反映现实的凶杀情况；第二，即使过去凶杀案的案犯都在破案人中间，也不能必然推断这个凶杀案的案犯也在破案人中间。

大李每次逛街，有个爱好，只要看见有人排队，他准凑上去。他之所以愿意去排队，理由是：不是好的东西、紧俏的东西，没人愿意去排队；越是排队，就越能买到好的东西。

一天，大李在街上闲逛，溜达到一个巷子口，看到一群妇女排起长长的队伍。大李心想，又是卖好东西的，就三步并作两步，排进了队伍。排在他后面的妇女，对着他的后背咯咯直笑，排在他前面的妇女，发现身后站着个男人，也大笑起来。大李被这前后夹击的笑声弄得不知所措，有些生气地说："你们排你们的队，我排我的队，有什么值得好笑的。"

他的话音刚落，刚才没有笑的妇女们也忍不住放声大笑起来。这笑声更让大李莫名其妙，但他依旧站在那里，其中有人实在看不下去了，一边笑着一边说："我们都是来接受妇科保健检查的，难道你也需要这种检查吗？"

这时，大李猛然抬头一看，才见到妇幼保健站几个字。顿时觉得已失大雅，连忙转身离去。

大李之所以出这样的洋相，是因为他根据生活阅历，运用简单枚举归纳推理得出的"越是排队越能买上好东西"的结论只是或然性的，即可能是错误的。以这样的认识指导其行动，当然会出洋相。

简单枚举归纳推理的结论虽然不可靠，但它在人们的日常生活、工作乃至科学发现中都有一定的作用。人们对生活经验的概括常常是用简单枚举归纳推理获得的。例如，"路遥知马力，日久见人心"；"失败是成功之母"等。

运用简单枚举归纳推理应注意提高结论的可靠性程度，要提高结论可靠性程度可从下面两个方面着手：

第一，一类事物中被考察的对象愈多，结论的可靠性程度就越高。比如，要想弄清是否"瑞雪兆丰年"，不能只根据两三次瑞雪带来丰年就草率得出普遍性的结论，而应当多考察几场瑞雪与年景的关系。

第二，一类事物中被考察的范围越广，结论的可靠性程度就越高。它要求对某类对象的考察要涉及各种不同的环境条件。比如，要了解瑞雪是否兆丰年，不能只在某地区考察，而应在不同地区进行考察。

清晨的露水兆晴天

气象工作者经过长期观察发现，清晨有露水，这天就是晴天。为什么早晨有露水，这一天会是晴天呢？他们研究了露水形成与天气之间的关系。在晴朗少云的夜间，地面热量散失很快，田野上的气温迅速下降。温度一降低，空气含水汽的能力也就减小了，大气低层的水汽就纷纷附在草上、树叶上，凝成细小的水珠，形成露水。露水的形成需要一定的天气条件，那就是大气比较稳定，风小，天空晴朗少云。如果夜间满天是云，云层好像暖房的顶盖，具有保暖的作用，靠近地面的气温不容易下降，露水很难形成。夜间有了风的吹动，能使上下空气交流，增加靠近地面空气的温度，又能使水汽扩散，露水也难以形成。在这种认识的基础上，他们做出归纳概括：清晨有露水时，这天是晴天。

上面的归纳概括运用的是科学归纳推理。科学归纳推理是根据某类部分对象与某种属性之间具有因果关系，从而推出某类对象都具有某种属性的结论的归纳推理。气象工作者归纳概括出"清晨有露水时，这天是晴天"的结论不是简单地由观察到的个别性的知识概括出一般性的结论，而是研究了露水形成与晴天之间的内在联系，在弄清两者之间因果关系的基础上得出的结论。

科学归纳推理得出的结论比以经验为主要根据的简单枚举归纳推理得出的结论要可靠很多。例如，人们早已观察到燕子、大雁等候鸟一年一度春来秋往。每年春暖花开之时，燕雁北飞；每年秋寒叶落之时，燕雁南归。人们自然地把候鸟的迁徙与春秋两季的气候剧变联系起来，应用简单枚举归纳推理做出每年气温转暖候鸟北飞，每年气候转寒候鸟南归的一般性的结论。

科学归纳推理与简单枚举归纳推理既有共同之处，也有明显的区别。共同之处是，它们都属于不完全归纳推理；它们的前提只是考察了某类部分对象，而结论断定了某类的全部对象，因而结论所断定的范围超出了前提所断定的范围。明显的区别是：

1. 得出结论的根据有所不同

简单枚举归纳推理是某一现象或某种属性在某类部分对象中不断重复，并且没有遇到反例；科学归纳推理的根据是现象之间的因果联系。

2. 部分对象的数量方面有所不同

对于简单枚举归纳推理来说，被考察的对象数量越多，就越能提高结论的可靠性。但是对于科学归纳推理来说，增加考察对象的数量不起重要作用；因为它是以认识现象间的因果联系为根据的，只要真正认识了现象间的因果联系，不在乎考察对象数量的多少。

3. 结论的可靠性程度有所不同

虽然它们的前提与结论之间的逻辑联系是或然的，但科学归纳推理所得出的结论要比简单枚举归纳推理推出的结论的可靠性程度要高。

背后批评

甲："我发现你这个人有个毛病。"

乙："什么毛病？"

甲："说你拉不下情面吧，可你有时候给别人提批评意见还相当尖锐。"

乙："尖锐点有什么不好？"

甲："尖锐点是好啊，但我发现你总是背后批评人。"

乙："你这话是什么意思？"

甲："张三不在场时，你批评张三；李四不在场时，你批评李四；唯独你没有批评过王五，因为你批评别人时他总在场。"

乙："谁说没有批评，昨天在他宿舍我就批评他了。"

甲："是当他面批评的吗？"

乙："他没有在，我怎么当着面批评？我这叫背对背批评。"

以上小品讽刺了生活中存在的这样一种人：他们对别人有意见从不当面提出，而总是在背后说三道四，说得不好听一点，这种做法实际上就是在背后说别人的坏话。

小品中的乙批评别人时的场合不同、对象不同、话题不同，但唯有一个情况是相同的，那就是被批评者不在场，因此，被批评者不在场与他批评人家便构成了一种因果关系。求出这种因果关系所用的方法就是形式逻辑里所讲的求同法。

所谓求同法就是：当被考察的现象出现在若干个场合时，在这些场合中，只有一个相关情况是共同的，那么，这个唯一共同的相关情况就与所考察的现象有因果联系。求同法时必须注意以下三点：

1. 要排除不相干的相同情况，找出相关的共同情况

某甲头天晚上喝了几杯浓茶，看了两小时书，结果失眠了；第二天晚上他又喝了大量咖啡，看了两小时的书，结果又失眠了；第三天晚上，他又吸了许多烟，看了两小时书，结果又失眠了。在这三个晚上里，有一个表面上看来是相同的情况，这就是看了两小时书。

但实际上这个表面相同情况与他失眠并不相干，三个晚上里还有一个共同情况是他都服用了大量使神经兴奋的东西，这才是与失眠相关的共同情况。因此，这个共同情况才是他失眠的真正原因。

2. 要防止"以先后为因果"的错误

白天和黑夜，闪电和雷鸣，它们虽然都是先后相继的，但并没有因果联系。白天和黑夜交替出现，先行后续，这是由于地球的自转造成的；而闪电和雷鸣先后出现，则是由于云与云或云与地面物体相接近时产生自然放电现象而引起的，而光速又大于音速之故。

3. 要注意异中求同

也就是说要在被考实现象出现的各个不同场合的各种不同情况中尽量去找出相同因素。有时，表面上看来是不同的情况，其背后往往隐藏着有待去发现的共同点。例如上面所讲的某甲喝浓茶、饮咖啡、吸烟，情况虽然在表面上不同，但背后却隐藏着一个共同因素，即服用了大量使神经兴奋的东西。要做到异小求同，就必须善于分析，并在分析中透过现象去把握事物的本质。

一张汇款单引来的"孝心"

天刚蒙蒙亮,刘大妈便被一阵敲门声吵醒了。门外,他的大儿子正在叫门,话音未落,刘大妈又听见二女儿插进来的声音:"妈,我今天是来接您去我们家住的,以后就由我来孝敬您好了。"

刘大妈装作没听见,一声不吭地站在门后面,只听得门外三儿子说话了:"妈,您老起床后还是先到我家去吧,饭和房间都给您预备好了。"

"哼,你今天倒有孝心了。"只听二女儿在门外愤愤不平地说,"我问你,为什么平常你不多来看看咱妈?"

"你又比我多来了几次?"三儿子反唇相讥。

"好了,你们还是别争了,我是老大,还是应该由我把妈接走。"

"算了吧。"二女儿说,"上一回还不是你把妈从你家赶了出来。不行,今天你们谁也别想从我手里把妈夺走!"

刘大妈听着外边的吵闹声,心里很纳闷:以前我这个老婆子谁家也不要,今天怎么都来争。突然,她醒悟过来,昨天她收到了在台湾的妹妹寄来的汇款单。

以前当妈的没人要,现在却几家抢着要,到底原因是什么,刘大妈经过一番思考,终于找到了原因,原来这些儿女来抢妈,是因为自己收到了妹妹的汇款单。

从逻辑上讲,刘大妈寻找这个原因的过程就是用的求因果联系方法中的求异法。

所谓求异法就是,当被考察的现象在一种场合中出现,而在另外一种场合中却没出现,而这两种场合中,除了一个情况不同外,其他情况都相同，那么这个唯一不同的情况就与所考察的现象有因果联系。

例如，把阳台上放着的一盆花移到房间里没有阳光的地方。不久后，枝叶会失去绿色；但是当把它再搬到阳台上，让阳光照射到它，不久后它的枝叶又会重新泛绿。由此可知，阳光照射与花的枝叶产生绿色有因果联系。

由于求异法是在正反两种场合中进行比较，而且在这两种场合中只有一种情况不同，因此，用求异法求出的因果联系比求同法有较大的可靠性。尽管这样，在运用差异法时仍必须注意以下三点：

1. 如果有其他情况出现，结论就不一定正确

出于在自然状态下，正面场合和反面场合的情况往往比较复杂，很难说二者之间的差异仅在于求出来的某一种不同情况，也许正是某种还未被发现的不同情况才是被考察现象的真正原因。所以，求异法在这种状态下，或然性仍然是比较大的。差异情况比较精确的是在科学实验中。在科学实验中，人们可以在人工控制条件下，让被考察现象出现和不出现的正反两个场合只有一种唯一不同情况而让其他情况都保持相同，因此，在科学实验中，用差异法求得的结论相当可靠。

2. 排除不相干因素

要注意在两个场合唯一不同的情况中，是否包含有其他同被考察现象无关的因素。即使是不同情况，它们往往也并不是单纯的。例如，金属在空气中会生锈，而如果在金属表面涂上一层使它与空气隔绝的东西，它就不会生锈。于是人们就会由此认为空气是金属生锈的原因。实际上，人们通常所发现的这种原因仅仅是表面的，经过进一步的研究才发现，真正引起金属生锈的是空气中的氧气，而与空气中的其他组成部分却没有关系。遇上这种情况，我们越需要对求出的表面情况做进一步的分析，排除其中的不相干因素。

3. 是部分原因还是整个原因

要注意两个场合中被发现的那个不同情况是被考察现象的部分原

因（或结果），还是被考察现象的整个原因（或结果）。例如，上面我们曾举过，阳光照射与花的枝叶产生绿色有因果联系，经过进一步的研究，人们才发现，植物光合作用的过程，其原因是复合的，植物吸收太阳光的能、空气中的二氧化碳和水分，同时放出氧气，阳光照射仅仅是光合作用的部分原因，并不是整个原因。遇上这种情况，我们就需要在求出部分因果联系的基础上进一步去探索，直到最后把握这种因果联系的整体。

五　支　笔

相声《五支笔》中甲乙两人在谈到戴钢笔的多少与学问深浅的关系时，有这样一段对话：

乙："那我要是戴一支钢笔呢？"

甲："那不用说，高小程度。"

乙："噢。那我戴的是两支笔。"

甲："初中啊。"

乙："我戴三支？"

甲："高中。"

乙："我戴四支？"

甲："那你就上大学了。"

乙："我要是戴五支呢？"

甲："你要戴五支呀？"

乙："我就是大学教授。"

甲："不。修理钢笔的。"

以上这段有趣的对话涉及了逻辑上所讲的求因果关系方法中的共

变法。

所谓共变法就是，当被考察现象发生一定程度的变化时，在它变化的各个不同场合唯有一个情况也在随之发生一定程度的变化，这时这个唯一变化着的情况便与被考察现象有因果联系。

例如，温度上升，气温计的水银柱也随之升高；温度下降，气温计的水银柱也随之下降。由此我们便可得知，温度计变化与气温计中水银柱的升降有因果联系。

共变法在日常生活以及科学研究中用途极为广泛，在运用共变法时，必须注意以下三点：

1. 被考察现象发生共变的情况是否是唯一的

与被考察现象发生共变的情况是不是唯一变化着的情况。如果不是，而是还有其他变化着的情况，那么，运用共变法求出的因果联系就不一定正确。例如，我们对一个物体在逐渐加热的同时又对它不断增加压力，在这种情况下，物体的体积就会逐渐缩小。假如我们只看到物体在逐渐加热这个变化着的情况，从而认为物体加热是它体积缩小的原因，这样的因果联系就完全求错了，因为我们忽略了另外一个同时也在变化的情况，即对物体不断增加压力。其实，在压力不变的条件下，物体加热，体积是会膨胀的，而并不会缩小。

2. 有共变情况，不存在因果关系

某些现象之间虽然有共变情况，但不见得存在因果关系，很可能它们都是另一原因引起的结果。例如，雷鸣与闪电之间就有共变关系，雷声大时闪电也强，雷声小时闪电也弱，但它们却都是由自然放电现象引起的结果，雷鸣与闪电二者本身并没有因果联系。

3. 超出限度，不一定存在共变关系

两种现象之间的共变往往是有一定限度的，超出这个限度，就不一定存在共变关系了。例如，施肥越多，庄稼长得越好，但施肥多过一定的限度，这种共变关系就会遭到破坏，致使庄稼反而会长不好。

农作物的合理密植，有利于增产，但密植不合理，超过了一定的限度，不仅不能增产，反而还会造成减产。

爱 心 捐 款

王玲家不幸遭受火灾，家里的东西全都被烧毁，消息传到她所在的学校，学校团支部组织开展献爱心的捐款活动，王玲所在的班级更是积极响应。大家将自己的零花钱、压岁钱、买礼物的钱都拿出来进行捐款，捐款的钱由班级里面的三个中队委负责收集，最后一起交到班长王晓峰手里。放学后，清点捐款总数为2850元。

班主任周老师、班长、中队委还有几个同学一起找到王玲临时借住的邻居家，表示慰问，并将装了钱的信封交到王玲父母的手上，王玲的父母感动得不知道说什么好。

第二天上学的时候，王玲问班长："昨天你交给我父母多少钱？""2850元啊，怎么了？"王玲说："奇怪了，怎么是2900元呢？"王晓峰说："不会啊，昨天我们几个数了好几遍呢。"周老师说："是不是班上每个人都捐款了？""除了黄日华没有捐，其他同学都捐了，黄日华主要是因为家庭比较困难，父母都下岗了，还有生病的老人。"王晓峰回答道。"那昨天他有没有去呢？"周老师接着问道。"去了，他说我们不让他捐款，总应该让他去看看，表示一下慰问。""那我知道了，这肯定是黄日华捐的钱。不如你们去问问他吧。"

王晓峰找到黄日华："你是不是捐了50元给王玲家啊？"黄日华见无法隐瞒，只好说："是我捐的，我们家条件不好，你们不让我捐款，但是我作为班级的一员，大家一直帮助我，我想表示一下自己的心意。"

这里周老师断定"另外还有人捐了 50 元"是怎么推理出来的呢？她采用的是求因果联系的剩余法推理出来的。剩余法的规则是如果已知某一复合现象是另一复合现象的原因，同时又知前一现象中的某一部分是后一现象中的某一部分的原因，那么，前一现象的其余部分与后一现象的其余部分必有因果联系。全班捐款 2850 元，但是统计有 2900 元，那就必是有人偷着捐了 50 元。

另外，我们再看一个小故事，居里夫人发现镭，实际上就是用了剩余法进行逻辑推理。居里夫人已知纯铀发出的放射线的强度，并且已知一定量的沥青矿石所含的纯铀数量。她观察到，一定量的沥青矿石所发出的放射线非常强，要比它所含的纯铀发出的放射线强许多倍。由此，她推出在沥青矿石中一定还含有其他的放射性极强的元素。经过艰苦的工作，她终于发现了镭。

鲁班发明锯子

鲁班是木匠的祖师，他是锯的发明者。鲁班是如何发明锯的呢？据说鲁班有一次承建一座大宫殿，需要很多木材。当时没有锯子，用斧子砍，一天砍不了多少棵树，木料供应不上，他很着急，就亲自上山去看。山非常陡，他在爬山时，忽然发现自己的手指很疼。他看了看手指，发现手指破了，正在往外渗血。他觉得很奇怪：我刚才没碰到过尖锐的东西，手指怎么会受伤呢？他想了想，刚才爬山时，用手拽住了一丛茅草，难道是茅草把我的手弄破了吗？可是茅草这么柔软，怎么能把我的手划破了呢。于是他就拽下一根茅草叶，仔细观察了一下，发现茅草叶的边缘是齿状的。鲁班就想：茅草叶这样柔软，因为有了齿，就能够划破我的手指；如果我把铁仿照着茅草叶的样子，打造成长条形的薄片，边缘上也做成齿状，那么是不是就能够割断大树呢？鲁班回去之后，就实施了自己的想法。于是锯就发明了。一直到现在，即使有了电锯，它的样子还是跟鲁班发明时一样，边缘都是齿状的。

在这个故事中，鲁班发现茅草叶有齿，很锋利，能够划破手指，于是想到铁片如果有齿，应该也很锋利，能够割断大树，这就是类比推理。这个类比推理的过程是：

茅草叶的边缘有连续的整齐的齿状物；

铁片边缘有连续的整齐的齿状物；

所以，铁片也很锋利。

通过上面的分析可知，类比推理是指如果两个或者两类事物具有某些共同的特点，那么其中的一事物就具有另一事物的另一特点的推理形式。因为两个事物属于不同的种类，它们不可能在所有的特点上都相同，所以类比推理的结论跟归纳推理相似。

类比推理的前提和结论或者都是关于事物的个别性判断，或者都是关于某类事物的一般性判断。从思维进程的方向看，类比推理或者是由个别到个别，或者是由一般到一般。类比推理的结论所断定的知识范围和前提所断定的知识范围是相同的，从这个角度考虑，它是由特殊到特殊的推理。

为了提高类比推理结论的可靠性，必须注意以下三点：

第一，前提中所列举的事物的两个或两类事物的相同属性应尽量多一些。因为相同属性越多，说明两个或两类对象越相似，这样推出的结论就越可靠。例如，在医学上一种新药在临床应用之前，总是先在高等动物身上试验它的特性，因为这些高等动物比低等动物与人类具有的相同属性更多，因而所得出的结论也更为可靠。

第二，前提中所列举的相同属性与要推出的属性应当相关。所类比的相同属性与要推出的属性相关程度越高，结论越可靠；反之，结论的可靠性程度越低。而当相同属性与推出属性不相干时，就不能据此推出结论。例如，地球与月球都是太阳系中的星体，都是球形的，都能自转和公转，但这些相同属性与有生物这一属性是无关的，如果从地球上有生命存在进而推出月亮上也有生命存在，就是错误的。

第三，在考察前提所提供的相同属性和推移属性时，还应当注意类比对象中是否存在与推移属性不相容的属性。当存在这样的属性时，就不能进行类推。例如，尽管地球与月球有许多属性是相同的，但是月球上昼夜温差太大，没有水，空气非常稀薄。而这些与生物生存这一属性是不相容的。因此，人们不能根据地球与月球的某些相同属性，推出月球是有生命存在的结论。

违背以上要求，就会犯"机械类比"错误。所谓机械类比，是指仅仅根据两个或两类事物之间表面的某些相同情况而推出另外某一情况也相同的逻辑错误。例如，基督教神学认为，宇宙是由许多部分构成的一个和谐的整体，正如钟表是由许多部分构成的和谐整体一样，而钟表有一个创造者，所以宇宙也有一个创造者，这个创造者就是上帝。这个推理就犯了机械类比的错误。

一次，一个呆子挑了一担盐过河。河上既没有桥，也没有渡船，呆子一看水浅，于是脱下鞋子，涉水挑担过河。谁知走到河中间，一不小心，脚下一滑跌倒在水里，许多盐溶化在水里，等他从水中爬起来，整理好盐担子时，肩上感到轻了许多。呆子非常高兴，他牢牢记住，在水里跌一跌，肩上的担子就会轻很多。过了不久，呆子挑了一担棉花过河，当他走到河中心时，想起了上次落水的情景，于是，故意滑倒在水里，把一担棉花全部浸泡在水中。但是，这次当他站起来整理担子时，不是感到轻松了许多，而是被一担湿棉花压得爬也爬不起来。

呆子所做的类比推理犯了机械类比的错误。他错误地将盐和棉花的吸水和被水溶解的不同属性进行类比，认为盐打湿了，重量会减轻；棉花打湿了，重量也会减轻。因而得出了错误的结论。

银行家与总统

在社会生活中与人交往,一定要了解对方是个什么样的人,才能话语投机,交流思想,沟通感情,产生共鸣。否则,无异于对牛弹琴,导致谈话双方不欢而散。

1939年年初,著名物理学家尼尔斯·玻尔和恩里科·费米等人发布了铀裂变的消息。同时,他们也知道希特勒已经在秘密研制原子弹。他们很希望美国能抢在希特勒前面制造出原子弹。但就连最早对原子弹研发持支持态度的海军上将胡珀也因为投资的问题,不敢轻易下决心开展研发。

第二次世界大战爆发后,战争形势更加紧张,盟军处于下风,于是研制原子弹的要求被再次提起,核物理学家西拉德请爱因斯坦一起签署了一封请求信件后,委托美国经济学家萨克斯面呈总统罗斯福,信的内容是敦促美国政府要抢在希特勒前研制成功原子弹。

1939年10月的一天,萨克斯郑重地向罗斯福面呈了请求信,可是罗斯福听不懂那深奥的科学论述,显得漠不关心。罗斯福说:"这些都很有趣,不过政府现阶段还不宜干预。"萨克斯讲了半天也无法说服罗斯福,只好向总统告辞。罗斯福为表示歉意,邀请萨克斯第二天共进早餐。

未能说服罗斯福的萨克斯整夜辗转难眠,苦苦思索着说服总统的办法。第二天早晨,萨克斯与罗斯福共进早餐。罗斯福说:"今天不谈原子弹的事了,明白吗?"

"好啊,今天我们聊聊历史吧,"萨克斯胸有成竹地说,"英法战争期间,欧洲霸主拿破仑在海上却屡战屡败。这时,美国发明家富尔顿，建议装上蒸汽机，把木板换成钢板，战舰上的桅杆砍掉，撤去风帆。拿破仑并不认同他的观点，认为他在胡扯，把富尔顿轰了出去，结果拿破仑惨败。"萨克斯讲完后，若有所思地看着罗斯福总统。

罗斯福定神沉思了几分钟，然后取出一瓶白兰地，斟满了酒，他把酒递给了萨克斯，说道："你赢了！"萨克斯顿时热泪盈眶，他为总统终于决定研发原子弹而高兴。

萨克斯是怎么说服罗斯福的呢？萨克斯运用的就是类比推理。他首先分析了罗斯福和拿破仑在这个问题上的共同点：政府需要强有力的武器，拿破仑需要蒸汽船，而罗斯福则需要原子弹。接着他描述了拿破仑不听科学家建议后的结果，从而推出"如果罗斯福不听科学家的建议也会失败"的结论，从而使罗斯福下决心制造原子弹。

"叩诊"方法

18世纪中叶，奥地利首都维也纳有一位名叫奥恩布鲁格的医生。有一次，他给一位病人看病，没有检查出什么大问题，但病人很快就死亡了。他很难过，想搞清楚究竟是为什么？经过病人家属同意后，他解剖尸体查找问题，经过认真查看，他发现病人的胸腔积满脓水。奥恩布鲁格想，这样的病人按照传统的检查办法是无法发现问题的，以后再碰到这样的病人该如何进行诊断呢？看着胸腔，他忽然想起他父亲在经营酒店时，常用手指关节敲木质酒桶，听噗噗的叩击声，就能估量出木桶中还有多少酒。

人们的胸腔不是很像酒桶吗？如果能够像敲酒桶一样发现问题不就可以正确进行诊断了吗？于是他反复探索胸部疾病和叩击声音之间变化的关系，经过多次临床实验终于找到了方法，并发表了《用叩诊人体胸部发现胸腔内部疾病的新方法》的医学论文，发明了"叩诊"这一医疗方法。

奥恩布鲁格是如何发明"叩诊"方法的呢？在这个故事中，我们看到奥恩布鲁格就是运用类比推理把"酒桶和装酒量"与"人的胸腔和胸腔积水"做类比：同是封闭的物体，内藏液体，叩击时能发出声音等，从而根据叩桶知酒量而推出叩胸知病情的结论。此外，在科学发展史上，惠更斯提出的光的波动假说，卢瑟福及其学生提出的原子结构行星模型的假说，也都是运用类比推理建立了巨大的功绩。

珍妮纺纱机

18世纪60年代初，在英国北部，一个叫哈格里沃斯的人和妻子靠织布和纺纱生活。一天，哈格里沃斯在织布时，看妻子纺纱，不小心将纺车碰倒了。纺车上的纺锤从水平变成垂直，立了起来。但是纺锤仍然骨碌碌地转动着。

哈格里沃斯看呆了，他想原来纺锤立着也能转动啊！忽然灵机一动，如果在一个框子中并排立上这么几个纺锤，用一个纺轮带动它们同时转动，不就可以同时纺出几根纱来了吗？根据这个想法他立刻做了一个立式纺锤的纺车，在一个框子上并排安置了8个纺锤，用手轮一摇，同时就纺出8根线来，工效提高了8倍。

这就是著名的"珍妮纺纱机"。"珍妮纺纱机"的发明成了"摇撼旧世界基础"的杠杆，由此带来了一场工业革命。

人类发展史上的许多重大发明，都是模仿生物的结果。例如：

（1）模仿蝙蝠利用超声波辨别物体位置，发明了超声波探测仪，后被广泛应用在工业上，实现对金属的无损检测。

（2）根据鱼的潜游发明了潜水艇。美国独立战争期间，英军凭借着军舰大炮，使美国海防遭受重创。有一次，布什内尔士兵在海边散步，看到一条大鱼从水底偷偷游过来，猛地向一群小鱼发动突袭。他灵光一现，如果我们模拟鱼的潜游，建造作战舰船不就可以神不知鬼不觉地偷袭英军了吗？他请示了上级，上级高层很重视他的想法，给其配备了人员和实验室，研究潜水艇。不久布什内尔设计建造出了第一艘潜艇，此后在与英军作战中发挥了重要作用。

著名天文学家开普勒曾称类比推理是"自然奥秘的参与者"和自己的"最好的老师"。物理学家牛顿发现万有引力，瓦特改进蒸汽机，施温发现动物细胞中的细胞核等，这些发明创造都和类比推理有着密切关系。

国企厂长的机械类比

为了体现民主和工人的主人翁精神，某机械制造厂会定期举行厂长和工人的对话会。在一次对话会上，工人们要求厂长实行真正的民主化管理，不要只喊口号和走形式，要求制定合理的决策流程，将企业中的重大问题提交职工代表大会讨论，以充分体现工人的主人翁地位。厂长说，他不会同意这样做。他说："我是厂长，我要对企业和大家负责，厂内的重大事宜都应该由我自己进行决策。举个例子，这如同火车司机一样，什么时候启动机车，中间碰到意外情况如何处理，如何把握前进的方向，掌握速度的快慢，都应该由火车司机决定。你们说，司机不可能在发生意外的时候找检修工商量如何处理吧？企业的其他角色就如同司炉、检修工，只需添煤和检修，做好自己的本职工作就可以了。

"如果大家都冲着司机大喊大叫,那还要我当司机干什么?出了行车事故谁负责?所以我们要各司其职,各负其责,大家不要干涉企业发展决策的事情,只管好好干好你的本职工作,就是帮了企业的大忙了。"

厂长的这一番话说得对吗?实际上厂长的话出现了机械类比的错误。厂长与司机、工人与司炉、检修工的关系有相同的一面,也有不同的一面,工人是企业的主人翁,当然有权参加民主管理,而司机与司炉、检修工就只是工作的分工,司炉、检修工是无权过问司机的工作的。这位厂长把"厂长在企业中的中心作用"与"厂长独裁,自己一个人说了算"混淆起来了。

生活中很多人也会犯机械类比的错误。例如:

(1) 有的同学说,我读了一篇文坛新秀的作品,字数不多,只有1000多字,但文笔流畅,非常优美,据说是今年获奖的作品;我刚刚读了你写的这篇散文,字数差不多有1000多字,内容读起来也很流畅,你去参加征文比赛吧,一定能得奖。

(2) 张博经常锻炼,身体非常棒,并且他的爸爸妈妈给他请了"家庭教师"专门辅导功课,所以他去年考上了名牌大学;陈勇的体质也很棒,家里也给请了"家庭教师",所以今年一定也能考上重点大学。

前面这两个类似中,第一个在比较两篇散文,两篇散文看起来很相似,字数都是1000多字,文笔都流畅就进行类比推理,其实,前提和结论没有必然联系。第二个例子谈到"身体健康"是考上大学的必要条件,而不是充分条件。家里请了"家庭教师"是外因,而起决定作用的是学生是否学习好。如果陈勇成绩不好,前面其他两个条件虽然与张博一样,也不一定能考上名牌大学。主要是因为使用机械类比得出的结论并不可靠,甚至是错误的。用机械类比的方法来处理事情,很容易碰钉子。

第六章
论证：时刻不让自己陷入圈套

论证就是用一个或一些已知为真的判断确定另一个判断的真实性的思维过程。在日常生活中，人们经常要确定某一思想的真实性，以便使他人不但知其然而且知其所以然。为了确定某一判断的真实性，并使之有说服力，就要运用有关事实的判断或有关科学理论作为根据，借助于一定的推理形式，由此推断出某个判断为真的结论，这就是论证。

寺中石兽今何在

沧州城南,有一座靠近河岸的寺庙,山门倒塌,一对石头雕的野兽也随着滚到河里去了。

过了十几年,准备重修山门,需要把那一对石兽打捞起来。但是,河水悠长,到哪里去寻找呢?

起初,人们在山门附近的河水里打捞,仔细寻找,可是没有找到。

有人认为顺着流水滚到下游去了,划着几只小船,拖着铁钯,找了十几里路远,也没有找到。

有一位在寺庙里教书的"讲学家"责备打捞人说:"石兽又不是木头雕的,怎么能被流水冲到下游去呢?石兽坚固而沉重,泥沙稀松而轻浮,石兽淹没在河中泥沙里,只会越陷越深。你们在山门附近的河中泥沙上面找,甚至到下游去寻找,难道不癫狂吗!石兽一定深深沉陷在山门附近的泥沙底下。"人们听了他的话,佩服他说得对,但是按照他的意见深挖了又深挖,仍然没有找到石兽。

有一位老河工断言"凡河中失石,当求之于上游",他说:"石兽是坚固沉重的,泥沙是稀松轻浮的,流水的力量不能一下子把石兽冲走,但是被石兽挡回来的流水的力量必定在面对流水的石兽下边,把泥沙冲开,形成一个窟窿扩大到中部时,石兽不能再保持平衡,必定倒翻到窟窿里去。流水再冲击泥沙,到一定时间石兽再倒翻一次,接连地倒翻,这对石兽就逆着流水'上翻'到上游去了。"

人们依照老河工的意见去寻找，果然在上游几里远的地方把那对石兽找到了。

故事中，有人认为石兽在河的下游，有人认为石兽在寺下面的河底中，老河工则断定石兽在河的上游。老河工运用物理学的一般原理，证明他的论断。人们在河的上游找到了石兽的事实说明，老河工的论证是正确的。

什么是论证呢？论证就是用一个或一些已知为真的判断确定另一个判断的真实性的思维过程。在日常生活和科学研究中，人们经常要确定某一思想的真实性，以便使他人不但知其然而且知其所以然。为了确定某一判断的真实性，并使之有说服力，就要运用有关事实的判断或有关科学理论作为根据，借助于一定的推理形式，由此推断出某个判断为真的结论，这就是论证。在上述故事中，老河工就是用"如果石头跌落河中，那么由于它对水流反击力而形成的沙坑会使它渐渐转往上游"；"寺中的石兽已跌落于河中十余年"这两个为真的判断，确定了"石兽在河的上游"这一判断的真实性。

任何一个论证都是由论题、论据和论证方式三个要素构成的。

论题是通过论证要确定其真实性的判断。它回答的是"论证什么"的问题。"石兽在河的上游"就是上述的论题。

论题一般有两类：一类是科学上已被证明的判断，另一类是科学上尚待证明的判断。对前一类论题的论证，其目的主要在于宣传真理，使人确信每个论题的真实性。对后一类论题的论证，其目的在于探索论题的真实性。

论据是用来确定论题真实性的判断，它是使论题成立并使人信服的理由或根据。它回答的是"用什么来论证"的问题。

在一个论证中，论题只有一个，而论据一般有多个。

论证方式是指论据和论题之间的联系方式，也就是论证过程中所运用的推理形式。它所回答的是"怎样用论据进行论证"的问题。仅仅有了论题和论据不等于做出了论证，还必须有一个从论据到论题的推演过程，即借助一定的推理形式。有些论证只包含一个推理，有些论证则包含了一系列推理。因此，也可以说论证方式是论证过程中各种推理形式的总和。

值得注意的是，论证方式在论证的语言表达中没有论题和论据那样明显，而是以隐含的形式存在于论题和论据之中，它体现的是如何从论据推出论题。因此，分析论证方式就是分析论证过程中采用了何种推理形式。

天文学家与薪金

格林尼治天文台是英国国王理查二世在1675年建造的一个综合性天文台，坐落在泰晤士河畔的一座小山上。有一次，英国女王安娜去参观格林尼治天文台，当知道当时的天文台台长、著名的天文学家詹姆·布拉德莱的工资非常低时，就当即表示提高他的薪金。

詹姆·布拉德莱非但没有表示感谢，还恳求女王别给他加薪。安娜女王对此十分纳闷，便说："没有人不喜欢增加薪水的。给你增加薪水，是对你在天文领域做出贡献的充分肯定。我们需要科学知识，更要尊重为此付出努力的科学家们，提高你的薪水，是件合情合理的事情，请你不要拒绝。"

詹姆·布拉德莱解释道："增加薪水的确是件好事，可以改善我的生活。但如果这个职位可以带来大量的收入，那么以后来天文台工作的人，就将不是为了从事天文研究，而是为了获得更多的薪水，这样的话，对天文学的研究就没有任何意义了。"

詹姆·布拉德莱最终说服了安娜女王。

布拉德莱的品德令人敬佩。为了他所钟爱的事业，他宁愿拿低薪而不放弃手中的工作。他在向女王说明为什么不要给他提高薪金时，实际上是用如下推理来论证的。

假如给我提高薪金，那就表明这个职位能带来大量收入；

假如这个职位能带来大量的收入，那么以后来天文台的人将会不是天文学家；

所以，假如给我提高薪金，那么以后来天文台的人将会不是天文学家；

我们不能让不是天文学家的人来天文台工作；

所以，不能给我提高薪金。

布拉德莱的以上论证其中包括了一个纯假言推理和一个充分条件假言推理的否定后件式，这两个推理的总和就构成了布拉德莱论证"不能给我提高薪金"这一论题的论证方式。

根据论证方式所使用的推理种类的不同，形式逻辑把论证分为演绎论证、归纳论证和类比论证三大种类。

演绎论证就是使用演绎推理形式做论证方式的论证；归纳论证就是使用归纳推理形式做论证方式的论证，类比论证就是使用类比推理形式做论证方式的论证。

以上布拉德莱的论证，由于它所使用的都是演绎推理，所以这个论证即属于演绎论证。

爸爸和儿子哪一个更聪明

一天，甲乙两个人在一起聊天，聊着聊着，便聊到"爸爸和儿子哪一个更聪明"的话题，两个人都有自己的观点，双方互不相让，便展开了一场辩论。

甲为了证明"儿子一定比爸爸聪明",摆事实讲理由,还把爱因斯坦作为例子,他说:"爱因斯坦创立了举世闻名的'相对论',爱因斯坦的爸爸却没有,所以儿子一定比爸爸聪明。"

乙也不示弱,像甲一样,为了证明自己的观点"爸爸一定比儿子聪明",他也是旁征博引,当甲提出爱因斯坦时,他却说:"因为创立'相对论'的是爱因斯坦,而不是爱因斯坦的儿子,所以爸爸比儿子聪明。"

其实,甲乙两人在论证自己所提出的论题时,用的都是归纳论证,但他们那是仅仅从一个例子便得出了一个普遍性的结论,因而从他们的论证所使用的归纳推理讲,他们都犯了"轻率概括"的逻辑错误。从他们的论证方式看,他们都违背了"'从论据应能推出论题'的规则,犯了'推不出'的逻辑错误"。

在归纳推理中,完全归纳推理由于其前提列举了所有的情况,因此它的前提如果是真实的,结论也一定是真实的。因此,利用完全归纳推理所进行的归纳论证,如果论据都是真实的,那论题也一定是真实的。然而,不完全归纳推理其前提却并没有列举所有的可能情况,因此使用这种归纳推理做归纳论证时,一定要注意所举的事例的典型性,而决不能仅仅根据主观需要或主观想象,随便挑选一些个别事例做论据。列宁就曾经说过:"如果不是从全部总和、不是从联系中去掌握事实,而是片面的和随便挑出来的,那么事实就只能是一种儿戏,或者甚至连儿戏也不如。"这样的事例,当然并不能证明论题的真实性。

以上小品中的甲乙二人都只是根据一个特殊的事例,并把它们从事物的联系中割断,从而去论证自己所提出的论题。这样的事例根本就没有一点典型性,因此甲乙二人这样的论证不但没有说服力,而且还是错误的。

挑剔的女人

丈夫说:"亲爱的,我爱你胜过我爱自己,可是日常生活中你太爱挑剔了,你的这种行为简直快把我逼疯了。我敢打赌,无论在什么地方,你一分钟之内准能挑出毛病来。这样下去,会影响我们夫妻的感情,请你改掉挑剔的坏习惯好吗?"

妻子听了丈夫的话后,没有生气,反而说:"不就是一分钟吗,打赌就打赌,我准能赢你。"

于是,夫妻二人打起赌来。刚过了片刻,妻子脱口而出:"房间内热得简直像个蒸笼,你就不能把空调的温度调低点吗?"

丈夫微微一笑,说:"你输了。"

"啊!"妻子一下子明白过来,原来自己在和丈夫打赌,于是便问道:"过了多长时间?"

丈夫说:"刚刚过去40秒。"

妻子一听,气得大声说道:"我早就告诉过你,你就是不听,这种表的质量一点儿都不好,走时从来没有准过。"

不到一分钟,这位妻子就连续挑出了两个毛病,而且还是在她和丈夫为这个事正在打赌的时候,这样的事例可以说够典型的了。只要有这样两个事例做论据,运用归纳论证完全可以证明丈夫开始提出的那个判断是真实可信的,这里用不着也不可能把这位妻子挑毛病的所有情况都列举出来。

像以上这种论证,就属于利用不完全归纳推理进行正确的归纳论证的例子。

利用不完全归纳推理形式进行归纳论证,在实际思维与表述中并不少见。例如,"张女士是位具有亲和力的老板"这样的论题。

张女士经营着一家化妆品公司,生意做得风生水起,下辖好几个门店,员工近百人。她能够有今天的成绩,是从化妆品推销员一步步做起的。由于此前在销售上做了许多年,更能理解一线员工的不易,所以,她当上老板后,非但没有摆老板的架子,反而与员工打成一片,视她们如亲姐妹,谁家有个困难或者出现意外情况,她都会第一时间冲在前面,与当事者一起共渡难关。然而,作为老板,张女士也有自己的底线,就是不允许公司内的员工用其他公司的产品。对于这一情况,下属表示理解,并给予配合。让人没想到是的,新来的前台周小姐却破坏了规矩。那天,周小姐补妆后,没有及时将自己的化妆品收起来,恰好被张女士看到。

周小姐刚到公司,同事就给她介绍了老板不喜欢员工使用其他公司化妆品的规矩。周小姐发现被老板看到后,吓得更紧把化妆品收了起来。张女士走到周小姐身边,把一只手搭在她肩膀上,微笑着,用轻松的口气说道:"美女,你使用的化妆品不是我们公司的吧。"周小姐浑身汗毛直立,没敢出声,不住地点头称是,心想:"这次被老板逮个正着,挨批是小事儿,说不定……"想到这里,周小姐不敢想下去了。

出乎意料的是,张女士并没有冲周小姐发火,抬起手拍了拍她的肩膀,什么也没说,转身离开了。更让人想不到的是,第二天,张女士将一套化妆品送给周小姐,说:"其实我们公司的化妆品不比其他公司的差,你先试试,假如在使用过程中出现不适或皮肤过敏,请及时告诉我。"

张女士的行为,让周小姐非常感动。她在使用一段时间后,将自己的体验告诉张女士。

就这样,公司所有的新老员工都有了一整套本公司生产的,适合自己的化妆品和护肤品。张女士亲自做了详细的示范。她还告诉员工,以后员工在购买公司的化妆品时可以打折。张女士亲和的态度，友善的口语表达，使她自然地与员工打成一片，成功地灌输了她正确的经营理念。亲和力易于消除人与人之间的隔膜，进而使传达者有效地把自己的思想传递给被传达者。

故事中，为了证明"张女士的亲和力"，"不摆老板的架子，和员工打成一片"是论据，"周小姐用其他公司的化妆产品，张女士发现后，非但没有怪罪对方，反而送给她一套本公司的化妆品"同样是论据。

编辑的答复

一个女士写了一部长篇小说，寄给一个著名的编辑。几个星期后，稿件被退了回来。这个女士非常生气，于是便给编辑写信道：

"亲爱的先生：

"昨天你把我的文章退了回来。你怎么会知道这个故事不好？你根本没有看。寄之前，我把第18、第19和第20页粘在一起。这是要检验一下你是否看了这个故事。昨天文章退回来的时候，这几页仍然粘在一起，你就是这样来看别人寄给你的稿件吗？"

编辑这样回信：

"亲爱的夫人：

"我吃早点的时候，剥开一个鸡蛋，没有必要把它吃完才发觉是坏的。"

这里，这位编辑显然是采用类比论证的方式，把吃鸡蛋和看书稿相类比，从而来证明"你的书稿写得不好"这样一个论题的。

类比论证在实际思维与表述中也并不少见。但由于这种论证所使用的类比推理结论并不是必然的，因此，人们在使用这种论证时，通

常是把它作为一种论证的辅助手段,和其他论证结合在一起来使用。例如:

宋朝时,鄢陵县吏孙满一次射鸟失误,箭落到了当时一位护卫皇帝的大将身上,虽然没有伤着这位大将,但孙满还是被处以死刑。针对这件事情,当时的行军参军何承天说:"过去有一个人曾惊了汉文帝的御马,当时只被判了一些罚金,因为判此案的人认为惊马者并不是故意的,所以没有从重发落。现在孙满本来是要射鸟,而并不是想伤人。按刑律,误伤人才判三年徒刑,何况孙满还没有伤人。"

这里,何承天的一番议论就既有类比论证,又有演绎论证,它以类比为辅、以演绎为主,证明了一个论题,那就是:"对孙满判以死刑是没有道理的。"

在思维与表述中,当单独使用类比论证证明某一个论题时,一定要注意论据与论题所反映的两类事物能不能放在一起来类比,而且也一定要严格遵守类比推理的有关逻辑要求,否则,论题不仅得不到证明,而且很可能会出现错误。

在以上故事中,那位编辑在论据中所讲的吃鸡蛋的事情与他在论题中所讲的看书稿的事情,在接触到开头,便可推知以后这一点上是有相同之处的。因此这个类比推理的结论还是比较可靠的。尽管这位编辑在这里只是单独地使用了一个类比论证,但这个论证在一定程度上还是有说服力的。

海上与床上

一个农民同一位准备远航的水手交谈。

农民问:"你的父亲还在吗?"

水手说："他已经死了。"

农民问："怎么死的呢？"

水手说："他是在海上航行时，遇到了风暴，他为了拯救同伴，不小心掉入海中，死在大海里。"

农民又问："你的祖父是怎么死的？"

水手说："也是死在海里。"

农民说："既然你的祖父、父亲都因出海，死在海里，我的老弟，难道你出海就不害怕吗？"

水手没有回答，反问道："请问，你的父亲死在哪里？"

农民说："死在床上。"

水手问："你的祖父呢？"

农民说："也死在床上。"

水手说："既然你的祖父、父亲都死在床上，我的老兄，难道你每晚在床上睡觉不害怕吗？"

农民的父亲和祖父死在床上或许是由于病死，或许是由于自然死亡，不管是何种情况的死亡，这都与水手的父亲和祖父死在海上的情况是不同的，怎么能拿农民每晚在床上睡觉害怕不害怕与出海害怕不害怕相类比呢？

出海和上床这两类事情具有的相同属性太少了；相反，它们之间的不同性质却太多了，尤其在危险不危险这个问题上，它们简直就无法比较。海上常有不测风云，上床会有什么危险呢？对于农民来说，每晚上床，他当然不会害怕，但由此并不能证明水手出海也并不害怕。退一步说，就算这位水手对于出海并不害怕，但这也应该用别的论证方式去证明，用农民上床睡觉并不害怕这样的事情来做类比论证，显然是没有道理的。

与类比推理一样，类比论证中所犯的这种论证方式上的错误，也叫"机械类比"。

倒　　立

有人写了如下一段短文，讽刺某些文章——

某人倒立着。由于倒立，头在下面，脚在上面。不倒立者则不然。就是说，不倒立的人，头是在上面的，脚则是在下面的。由此可见，倒立者与不倒立者之间是截然相反的，是有着根本区别的。

由于头在下边，相应地，鼻、眼、口、耳也都在下边，因为它们生长在头上。其次，由于脚在上边，相应地，10个脚趾也都在上边，因为脚趾生长在脚上。

这则短文，真可谓是把某些理论文章的空洞烦琐、满纸废话刻画得惟妙惟肖，揭露得淋漓尽致。

在实际生活中，无论是讲话，还是写文章，首要的一条是要让别人明白你在说什么。如果讲了半天，别人还不知道你在讲什么，写了半天，别人还不知道你在写什么，这样的讲话或这样的文章，尽管说得再多，又有什么用处呢？

为此，形式逻辑提出的关于论证的第一条规则就是：论题要明确。

在一个论证中，论题是论证的靶子，如果论题不明确，论证的目的也就不能达到，整个论证也就失去了它的意义。

要明确论题，首先要把论题清楚确切地提出来，这样既可以使别人一看，便知道你要论证一个什么问题，同时也可以使自己的论证能够确立一个明确的目的。

其次，对论题中所包含的一些别人不太明白或容易引起曲解的概念，要做必要的解释。论题中最好不要使用晦涩难懂的概念。

再者，论题应当有一定的意义，别人看了以后知道你要讲什么道理。毫无意义的论题，即使提出再多再细的论据，做了再严密的论证，别人还是不会知道你到底想要说明一个什么问题，想要起到什么作用。

违反"论题要明确"这条规则所犯的逻辑错误就叫作"论题不清"或"论旨不明"。

以上那段讽刺性短文，就文章本身来说，所犯的错误就是论旨不明。说了半天，别人并不知道论者要说明一个什么问题，论证的目的是什么。这样的论证给人的印象就是没话找话、满纸废话，纯粹是在闹笑话。

下面，举一个正面的例子，来看一下如何遵守"论题要明确"这条规则。

1958年，毛泽东在《关于帝国主义和一切反动派是不是真老虎的问题》一文中，开篇就明确提出论题："这里我想回答帝国主义及一切反动派是不是真老虎的问题。我的回答是，既是真的，又是纸的，这是一个由真变纸的过程的问题。"

接着，毛泽东又对论题中的"变"这一概念做了解释和强调。另外，毛泽东所提出的这一论题其意义也非常明确，非常重要。因此，无论从哪方面看，这个论题都是符合"论题要明确"的要求的。

最煎熬的时候

一位产妇正在妇产医院待产。剧烈的阵痛使她难以忍受，她问在一旁的医生："大夫，您告诉我，最难熬的时候是不是快要过去了？"

"不是。"大夫说，"因为你出院以后还有十几年养育孩子的光景，那才是你最煎熬的时候。"

对话中，大夫的回答实际上包含着一个简短的证明，这个证明就是：

十几年的光景并不是很快要过去的；

你出院以后养育孩子的时间是十几年的光景；

所以，你出院以后养育孩子的时间不是很快就要过去的。

但是，产妇本来所问的并不是出院以后的事情，她所问的实际上是生产孩子的这段疼痛难忍的时间。她问话中所讲的"最难熬的时候"指的也正是这一段时间，而并不是大夫所讲的那一段时间。显然，大夫的回答并没有针对产妇的问题而答，而是在歧解产妇所讲的"最难熬的时候"这个概念的基础上，谈论了另外的一个问题。这从逻辑上讲，就叫"跑题"。

"跑题"现象往往有两种：一种是在对话过程中，参与对话的双方（其中主要是有一方）并没有围绕同一话题进行交流；另一种是在同一论证过程中，论题没有保持首尾一致，本来论证的是A论题，但在论证过程中，却又无意或有意地转换成了B论题。

为了防止"跑题"现象的发生，形式逻辑提出关于论证的第二条规则就是：论题要同一。

违反这条规则从而在论证中所犯的逻辑错误通常有"转移论题"、"偷换论题"和"混淆论题"。

"混淆论题"和"转移论题"这两种说法与"偷换论题"的说法在适用对象上有一些区别。一般来说，为了某种不正当的目的而有意违反了"论题要同一"规则的，通常就称之为"偷换论题"；而无意中违反了"论题要同一"规则的，通常就称之为"混淆论题"或"转移论题"。

就产妇与医生的对话中，如果那位大夫是出于嘲讽那位产妇的目的而特意曲解产妇的问题，那这就可以叫作"偷换论题"；但如果那位大夫是由于没有弄清楚产妇所讲的"最难熬的时候"的确切含义，因而在回答中跑了题，那这就只能叫作"混淆论题"。

安假牙，付伪钞

有一个苏格兰人的牙齿被虫蛀坏了，牙科医生经过认真检查，建议他拔掉坏牙，装上一颗假牙。这位苏格兰人捂着腮帮子想了一会儿，认可了医生的建议。

牙科医生业务精湛，很快就帮他装上了假牙，这位苏格兰人对此很满意。支付医疗费用时，苏格兰人用的是伪钞。医生发现后，让对方给真钞，苏格兰人坚决不愿意付真钞。双方僵持不下，医生干脆将付假钞的苏格兰人起诉到法院。

法庭上，法官问苏格兰人为什么付给医生假钞，苏格兰人在辩护中说："牙科医生给我装的是假牙，而不是真牙。"

苏格兰人提出这样的辩护，无非是想要证明他付给牙科医生伪钞是正确的，从他的申诉所提出的理由看，他是这样来论证他的观点的：

只有给我安装真牙，我才付给真钞票；

牙科医生给我安装的不是真牙；

所以，我不付给他真钞票。

所以，我付给他假钞票。

以上第一个"所以"之后的结论，是他利用必要条件假言推理的否定前件式得来的；第二个"所以"之后的结论，则是他利用换质法推理将第一个结论进行换质得来的。

看上去，这个论证的论证方式并没什么毛病，因为其中所使用的推理形式都是正确的。

但是，在一个论证中，论题的真实性是建立在论据的真实性基础之上的，如果论据不真实，那么即使论证方式正确，论题的真实性也是得不到证明的。而以上那个苏格兰人的论证，其中的省略论据"只有给我安装真牙，我才付给真钞票"纯粹属于胡说八道，谁安装牙还能安装真牙呢？要是真牙，还用得着安装吗？正因为这个省略论据是假的，所以，那个苏格兰人的论证也是错误的。

为了防止论据虚假情况，形式逻辑提出的第三条规则就是：论据必须已知为真。

违反这条规则所犯的逻辑错误一种叫"虚假理由"，一种叫"预期理由"。

把已知为假的判断作为论据证明论题，这样的错误就叫"虚假理由"；而把其实性尚未得到证实的判断作为论据证明论题，这样的错误就叫"预期理由"。

以上那个苏格兰人的论证很显然是犯了虚假理由的逻辑错误。

对如何买煤的回答

一对相爱多年的恋人，终于在亲友的祝福中走进婚姻的殿堂。由于生活在农村，冬天需要用煤取暖，他们结婚后的第一件事，便是买过冬的煤。这对新婚夫妇不知道哪里有卖煤的，便向朋友打听。

朋友听完他们的问话后，说："你们是买不到煤的。"

新婚夫妇有些诧异，问："为什么？"

朋友回答道："就是因为你们没法买到……"

以上的简单对话中，那位朋友的前后两句话实际上构成了这样一个论证过程：

你们是买不到煤的，因为你们没法买到。

很显然，在这个证明中，论据和论题完全是一回事，这实际上等于是在用论题来证明论题,而论题到底为什么成立,最终还是没有提出任何理由。

论证中,论题的真实性是要靠论据来证明的,如果论据本身和论题是一回事,或者论据的真实性反过来又要靠论题来证明,那么这样的论证等于是什么也没有证明。

为了防止以上情况的发生,形式逻辑提出的关于论证的第四条规则就是:论据的真实性不能靠论题证明。

违反这条规则所犯的逻辑错误,逻辑学上一般就叫作"循环论证"。循环论证的错误又可分为以下三种具体的表现形式。

1. 同语反复

所谓同语反复,指的是论据和论题完全是一回事。有时,虽然二者在语言形式上有所不同,但所表达的判断却是一样的。例如上面对话中的那位朋友对"你们是买不到煤的"这个论题所进行的论证,就是犯了同语反复的逻辑错误。同语反复的一般形式是这样的:P,因为P。

2. 直接循环

所谓直接循环,指的是论据的真实性不经过任何中间环节,而直接就需要依靠论题来证明。例如,有人在论证"地球是圆的"这一论题时,说:"我们站在高处看海中的帆船从远处驶来,总是先看见桅杆,后看见船身。"当进一步问他,为什么会有这种现象时,论者又说:"因为地球是圆的。"这样的论证,论据的真实性直接就需要依靠论题来证明,因此,这种错误就属于直接循环。直接循环的一般形式是:p,因为q;q,因为p。

3. 间接循环

所谓间接循环,指的是论据的真实性经过一些中间判断后,最终又需要依赖于论题来证明。例如,鲁迅在《论辩的魂灵》中有如下这样一段话:

"卖国贼是说谎的，所以，你是卖国贼。我骂卖国贼，所以我是爱国者。爱国者的话是最有价值的，所以我的话是不错的，我的话既然不错，你就是卖国贼无疑了！"

这段论证，最后两句话是说："因为我的话不错，所以你是卖国贼。"这里，"你是卖国贼"是论题，"我的话不错"是论据，而这个论据实际上又是由"你是卖国贼"经过一些中间环节推出来的，因此，它实际上又是间接地由论题来证明的。这样的论证就属于间接循环。间接循环的一般形式是：p，因为q；q因为r；r又因为p。

同语反复、直接循环、间接循环都属于兜圈子，只不过有的圈子兜得大，有的圈子兜得小，不管圈子兜得大小，它们实质上都是用论题求证明论题，因此，这样的论证对于论题的证明来说，都是毫无意义的。

瓦格纳嫡传弟子

一天，手风琴大师理查·瓦格纳在柏林街头散步，遇到一个人正在用手风琴演奏《汤豪舍》序曲。瓦格纳听了听，在对方面前停了下来，说："你演奏的节奏实在是太快了点儿。"

手风琴演奏者一眼认出面前站着的这位就是大名鼎鼎的手风琴大师理查·瓦格纳，他停止演奏，脸上露出惊讶的表情，说："谢谢您，瓦格纳先生。您的现场指导，让我终身受益。"

第二天，瓦格纳照例出去散步，在同一个地方又遇到那位手风琴演奏者。这次，他正按照准确的节奏演奏那支序曲。在他的身后，竖着一个大牌子，上面赫然写着：瓦格纳嫡传弟子。

这位手风琴演奏者实在也太精明了。瓦格纳不过是散步路过这儿时随便指出了他演奏的速度太快了点，他却就凭借一点，给自己冠以

"瓦格纳嫡传弟子"的美称，有了这个美称，对他无疑是有好处的。但是瓦格纳看见这块牌子后又会怎么想呢？

很显然，这位马路演奏者用以证明他是瓦格纳嫡传弟子的理由是不充足的，从瓦格纳给他的演奏仅仅提出过一次很随便的意见，是推不出他是瓦格纳的嫡传弟子的，这位马路演奏者用以证明自己是瓦格纳嫡传弟子的论据虽然是真的，但他的论证却犯了"推不出"的逻辑错误。

"推不出"错误是由于违反了论证的第五条规则"从论据应当能推出论题"而犯的逻辑错误。论证的第五条规则是关于论证方式的规则，它要求在一个论证中，论据必须是论题的充足理由，如果不是，就不能证明论题的真实性。

"推不出"错误有许多具体的表现形式，比如论据不足、论据与论题不相干、以人为据以及论证中所使用的推理违反了相应的推理规则等等，它们都属于犯了"推不出"的错误。

那位马路演奏者所犯的"推不出"错误，从某些具体表现形式看，就是论据不足。

望 子 成 龙

三个母亲正在得意地谈论着她们8岁大的儿子。

第一个说："我的小约翰将来会成为工程师，无论我买一件什么样的玩具给他，他都一件件地拆开来看。"

第二个说："我骄傲的弗雷格未来一定是个出色的律师，他可以整天的和其他孩子争执不休。"

"毫无疑问，我的小哈罗德将来注定是个医生，"第三位母亲说，

"当我叫他时,他总是不来。"

这则幽默从某种意义上说,讽刺的是某些医生的医疗态度。但是从逻辑上说,三位母亲对她们儿子的预期都是犯了"推不出"的逻辑错误。如果说,第一位和第二位所提出的论据与她们所要证明的论题还沾点边的话,那么第三位母亲所提出的论据与她所要证明的论题根本就不沾边。

尽管在实际生活中,某些医生不能急病人所急,当你叫他时,他总是不能很快就来,但这只是这些医生的责任心问题或工作态度问题,这样的问题并不仅仅在医疗行业中存在,其他行业中照样也有,因此,这并不是医生所独有的特点。

第三位母亲仅仅从叫儿子时儿子总是不来这一点就推断儿子将来注定是个医生,这显然是非常荒唐可笑的,她所犯的逻辑错误作为"推不出"的一种具体表现,那就是论据与论题不相干。而其他两位母亲所犯的逻辑错误作为"推不出"的一种具体表现则是论据不足。

所谓论据不足就是说论据与论题虽然有某种程度的联系,但仅凭已有的论据对推出论题来说还不够。

而所谓论据与论题不相干是说论据与论题根本就不沾边。这样的论据根本就谈不上够不够的问题,严格一点说,它根本就不能做推出论题的论据。

蝙蝠为什么能在黑夜里自由飞翔

每当夏天黄昏,人们在户外乘凉时,常常可以见到一只只的蝙蝠在低空自由飞翔。这些小生灵一边飞,一边发出吱吱的叫声。人们不禁要问:蝙蝠为什么不在白天飞翔,却偏偏在黑暗中飞翔?为什么它们在黑暗中飞翔不会因撞上障碍物而掉下来呢？一些不懂科学的成年人给孩子解释说，蝙蝠是老鼠偷吃了盐变的，老鼠专门在夜间活动，所以，蝙蝠在晚上也特别逞能。这种解释经不起实验证实，因为老鼠不会吃盐。科学家们对这一现象做出了种种假定性的解释。有些科学家从某些动物能在夜间自由自在地活动是由于有一双明亮的眼睛，推测蝙蝠能在夜间自由飞翔是由于它们的视力特别好。如果这种推测成立的话，那么，把蝙蝠的眼睛蒙上，它们在飞翔时就会碰上障碍物。为此，他们做了这样一个实验：在一间暗室里拴上一根根横一道、竖一道的铁丝，每个铁丝上都系上一个小铃铛，一旦蝙蝠碰上铁丝，铃铛就会发出声响。然后，科学家们让蒙上眼睛的蝙蝠在暗室里飞行。但是，人们并没有听到铃铛发出的声响，蝙蝠仍然能在暗室里自由飞行。这表明，蒙上眼睛的蝙蝠仍然能准确地辨别障碍物的方位，像平时那样飞行。因此，认为"蝙蝠能在夜间自由飞翔是由于它们的视力特别好"的推测就不能成立。

随着科学的发展，人们掌握了超声波的知识，并且知道蝙蝠飞行时，它的咽喉里发出的声波就是一种超声波。这时，一批科学家又提出推测，蝙蝠在黑夜中能快速飞翔而不会碰上障碍物是由于它们飞行时发出的声波遇到障碍物会产生回声，凭借这种回声能够辨别出障碍物的位置从而不会撞上。当这种假说成立时，把蝙蝠的耳朵塞严，它们飞行时就会碰上障碍物。于是，科学家们又做了实验。结果，被塞严耳朵的蝙蝠在暗室里飞行时经常碰到铁丝，小铃铛不时发出叮当的响声。以上实验证实这种推测性的解释是正确的。这种推测性的解释就是我们平时所说的假说。

假说是人们以已有的事实材料和科学原理为依据，对未知事物或规律性所做的假定性解释。人们在日常生活、生产实践中会碰到各种各样的事物现象。有些事物现象运用已有的理论就能做出正确的解释；但也有一些事物现象是已有理论无法解释的。怎样解释这类事物现象，就成了人们面临的一个疑难问题。在这种情况下，人们需要提出新的观点对这类事物现象做出推测性的解释。上面的科学家对蝙蝠能在黑夜中自由飞行的种种解释便是如此。

假说具有以下特点：

1. 假说以一定的事实材料为根据

假说建立在一定的观察、实验和其他经验事实的基础上。不仅如此，假说是在经过初步的逻辑论证的条件下提出的，因此，它是对某些现象未知原因的有根据的猜测。因此，假说既不同于毫无事实根据的迷信、臆测，也不同于缺乏科学论证的简单猜测、幻想。比如，科学家关于"蝙蝠能在夜间自由飞翔是由于它们的视力特别好"的假说就是以猫、老鼠、黄鼠狼等动物的视力特别好才能在夜间有效活动为依据的。

2. 假说的基本思想是根据已知的科学知识和经验事实推测出来的

它是否把握了客观真理，还是有待证实的。因此，假说不同于那些已为实践验证过的科学原理或定律。

3. 假说是人们的认识接近客观真理的方式

假说作为对各种未知事实的假定解释，它是否把握了客观真理，还有待于验证。然而从发展的眼光来看，假说的不断修改、补充和更新，就会更多地、更正确地反映客观现实，接近客观真理。

县令明公晟断案记

清人纪昀的《阅微草堂笔记》卷四《滦阳消夏录四》有如下一段记载：

雍正壬子六月一个雨夜交加的夜，突然传来一声巨响，第二天传出献县城西的一个村民被雷击中而亡的消息,县令明公晟检验以后,死者便装入棺材中埋了。

半个月后,明公晟突然让捕快抓一个人,审问时他问道:"你买这么多火药干什么?"

对方说:"我用火药打鸟。"

明公晟又问:"用火药打鸟,每次装几钱就够了,每天最多用一到二两的分量,可你一下子买了二三十斤,这是为什么?"

对方说:"我是留着备用,买一次能用很长时间。难道我有错吗?"

明公晟没有回答对与错,继续问道:"就算是你留着备用。那我问你,你买火药到现在还不到一个月的时间,你打鸟所用的火药也不过一到二斤。剩余的火药都放在哪里?"

对方听他这么一问,顿时哑口无言,一句话也说不出来了。见此情形,明公晟心里有数,命令衙役给他上大刑。他顿时吓得面如土色,把他因为奸情而谋杀情人丈夫的事情全部讲了出来。案件真相大白,这对奸夫淫妇得到了法律应有的惩罚。

有人问明公晟,为什么知道这个人犯了谋杀罪,明公晟说:"火药虽然能在短时间内爆发出很大的冲击波,如果要想制造出雷声的效果,需要大量的火药。制造火药的主要原料是硫黄,现在正是盛夏时节,不是逢年过节放鞭炮的时候,硫黄的需求量非常少。于是,我就派人暗地里打听,谁买的硫黄多,通过走访,卖硫黄的商贩都说出了同一个人。于是,我心里就明白了。"

又问:"你是怎么知道雷击是假,谋杀是真呢?"

明公晟说:"如果是被雷击死的,那必定是从上向下劈击,房顶应该向下倒塌,这是一个基本原理。我在现场却发现,屋顶上的苫草、屋梁呈辐射状飞向四周,并且死者生前睡的土炕面也是如此。因此,我判断爆炸是从下面而起的。这个地方距离县城不过五六里远,当晚电闪雷鸣的情况应该是一样的，但是雷电是在云上盘旋，并没有向下击的现象。所以，当听说有人被雷击死了，我就觉得不正常。当到了死者家里了解情况时，我又得到一个消息，当晚死者的老婆正好回娘家了，就没办法从她身上获取有用的信息，于是我就将目光盯到制造爆炸案的凶手的身上。通过走访，找到真正的凶手，这个奸夫见事情败露，很快就说出了实情。"

这位县令真可谓是个明察秋毫的人啊！

县令明公晟所以能明察案情，正确断案，从逻辑上说，是因为他在调查研究的基础上，正确地提出假说和验证了假说。

首先，明公晟得知城西有村民被雷所击以后，立即前去查明：该村民是否真是被雷所击。在现场查验以后，他很快判明雷击出于伪造。他是通过下述推理来判明这一推断的：

如果真属雷电击人（即雷击不是伪造），那么，就应自上而下，不裂地；屋毁也应自上而下……但现场却是，屋顶的苫草、房梁、土炕面，向四周飞散（自上而下，不裂地），所以不符合雷电击人的特征（雷击现场属于伪造）。

显然，这是充分条件假言推理否定后件式的正确形式（即通过否定后件而否定前件）。因而"雷击是伪造的"这一判断是成立的。在此，他还对这一推断做了另一个证明。

如果是雷电击人，那么，由于雷电相同，附近也应出现雷电击人的情况；但当夜，附近的其他地方没有出现雷电击人的情况。所以，不是雷电击人（雷电是伪造的），这同样是一个正确的充分条件的假言推理的否定后件式，同样证明了"雷击是伪造的"这一推断。

既然雷击是伪造的，那么，伪造者是谁呢？根据上述事实和推断，再根据"没有数十斤的火药根本无法伪装成雷，火药必然需要大量的硫黄……"他又提出了这样一个推测（即假说）：凶犯必为多买硫黄者。接着，他就设法来验证这一假说。他暗中派人调查谁是大量买硫黄的人，很快查明是某某人。这个人当然也就成为伪造雷的主要嫌疑犯了。但究竟犯罪者是不是此人呢？还必须验证。于是，明公晟就将此人拘留而加以审问。

"你买这么多硫黄，制成火药想干什么？"

"我用火药打鸟。"

"用火药打鸟，每次装几钱就够了，每天最多用一到二两的分量，可你一下子买了二三十斤，这是为什么？"

"我是留着备用，买一次能用很长时间。难道我有错吗？"

"就算是你留着备用。那我问你，你买火药到现在还不到一个月的时间，你打鸟所用的火药也不过一到二斤。剩余的火药都放在哪里？"

对方听他这么一问，顿时哑口无言，一句话也说不出来了。

这说明此人火药已用完。既然如此那当然也就说明此人制作的火药不是用于"打鸟"了。既然不是用于"打鸟"，当然也就有可能是用来制造伪雷了。到此假说虽然受到了验证，但毕竟还只是假说而不是被完全证明了的事实，当明公晟对此人用刑审问，此人招供是因奸谋杀被害者，这时，整个假说才最终被证实，即成为被证明了的事实。

一场遗产纠纷中的辩论

法庭上，一个关于遗产继承的案件正在进行审理。当事人赵某将一份公证书的抄件呈上，斩钉截铁地说："根据这份证书，我丈夫张某遗留的房产应全部由我继承。"

审判长摇了摇头。赵某理直气壮地质问："难道这公证书不算数？"审判长指着公证书的抄件说："这份公证书遗漏了一个法定继承人——死者的母亲。"

赵某辩解道："公证书天衣无缝。"接着，她念了公证书的一段话：张某于1985年3月7日死亡。他与别人共有房产一所，共12间。死者生前无遗嘱。根据我国法律规定，死者张某的遗产应由其妻及子女共同继承。

审判长严肃地说："根据继承法的规定，父母有继承子女遗产的权利。张某之母吴某是张某的法定继承人，将其遗漏，不能不说是公证书的一大失误。"

赵某辩解道："公证时她在石家庄她女儿家而且是个地主婆，她无权继承张某的房产。"

"她的继承权不因居住地的暂时变更及其个人成分不好而取消，何况她早已改变了成分。"

"她不和张某一块生活，早已分家单过。"

"这是继承份额多少的问题，不能成为你否认她有继承权的理由。"

赵某听完审判长的话，再也无话可说了。

在这场遗产纠纷案中，审判长之所以使赵某无言以对，主要是采用了反驳的逻辑方法。

赵某为谋自己的私利，以遗漏死者之母的公证书为根据要求继承遗产。审判长当即指出公证书遗漏了死者之母，而她是有权继承死者遗产的。继之，赵某又以其母居住女儿家而且是地主婆为根据，企图否定其母继承遗产的权利。审判长又根据法律指出，继承权不因居住地变更和个人成分不好而取消。赵某又提出其母单过，不和张某一块生活作为理由，审判长指出，这也不能否定其母的继承权，只能影响份额多少。这样，经过赵某三次"辩"，审判长三次"驳"，最后使赵某的全部理由被驳倒。这个事例显示了反驳在审理案件中的重要作用。

反驳是用一个或一些真实判断确定另一个判断的虚假性或指出对

方论证不能成立的思维过程。

反驳是由被反驳的论题、反驳的论据和反驳方式三部分构成的。被反驳的论题即被确定为虚假的判断，也就是通常所说的"论敌"。反驳的论据是用来作为反驳根据的判断。反驳方式就是反驳中所运用的推理形式。

由于对方的论证不外论题、论据和论证方式，因此，反驳可分为反驳论题、反驳论据和反驳论证方式。反驳论题就是确定对方的论题是虚假的；反驳论据就是确定对方论据的虚假性；反驳论证方式就是指出某一论证的论据和论题之间没有逻辑联系。

于成龙批驳土豪

土豪江峰青有个 17 岁的孩子，与对门寡妇沈宗氏的 9 岁孩子打架，江倚势大兴问罪之师，经众邻居从中调解，由沈宗氏向江家赔礼道歉，并重责儿子了事。江以其孤寡可欺，逼迫沈宗氏赔偿养伤费 30 两银子，沈宗氏付不起，要求免赔，江就向县衙控告。清初名吏于成龙予以批驳，驳词中揭露了江所称孩子被殴打重伤是捏造事实，逼迫养伤费 30 两银子是无理取闹。

于成龙还特别指出："江峰青举出经乡邻调停由沈宗氏赔礼道歉并重责其子之事作为论据，以证明沈宗氏有错，实际上正相反，这个论据只能证明你江峰青平日横行霸道，欺凌孤寡，因为两个孩子打架，不是什么大不了的事，何况打架地点又在你的家中，沈宗氏根本不知道，结果沈宗氏还得登门道歉并重责其子，这不正好证明不是沈宗氏的错吗？"于成龙的驳词批驳得土豪张口结舌、无言以对。

于成龙的驳词之所以能够驳倒土豪的缠讼，主要是指出对方论据和论题之间有逻辑矛盾，论据证明不了原论题，而只能证明与原论题有矛盾关系的反论题，即土豪企图用沈宗氏登门赔礼道歉并重责其子来证明沈宗氏有错，但恰恰相反，这个论据不但不能证明错在沈宗氏，而只能证明土豪平日横行霸道，欺凌孤寡。由此可见，反驳就是引用已经知道是真实性的判断，去证明某个判断是虚假性的思维过程。反驳是一种特殊形式的证明。它和证明的不同地方在于：证明是论证某个论题是真实性的思维过程，而反驳则是论证某个论题是虚假的、错误的思维过程。一个论证有论题、论据和论证方式，所以反驳既可以反驳论题、反驳论据，也可以反驳论证方式。反驳论题和论据，就是确定作为论题、论据判断的虚假性。反驳论题和论据常用两种方法：一种是归谬法，一种是间接反驳法。反驳论证方式就是揭露对方的论题和论据之间缺乏必要的逻辑联系，也就是说对方的论据推不出所要证明的论题来。

诈 钱 失 财

江南一带，茶馆酒铺触目皆是。行人可依各自的嗜好随时登门，借以稍事休息，解除饥渴。

有一位来酒馆饮酒的客人，酒足后丢下一只钱袋匆匆忙忙地走了。酒馆里的跑堂在桌下面的横挡上捡到了这只钱袋，袋宽不过3寸，长是宽的2倍，就是平俗所说的褡裢。打开见里面有银币2枚，铜币数十文。于是收起来，等待它的主人来找。未过多久，钱袋的主人果然来了，跑堂的拿出钱袋交还他。这人忽然耍起了无赖，说："我钱袋中本有银币40枚，铜币200多文，怎么只剩这一点？"跑堂的无法给自己辩解，只得大喊冤枉。

旁座有一位饮酒的客人，走过来问钱袋的主人："你的钱袋放在何处，还想得起来吗？"回答说："我把它搭在桌下面的横挡上，怎么会想不起来。"又问跑堂，跑堂说确在桌下面的横挡上捡到。这位客人叫他们再把钱袋放回原处看看，只见钱袋的两端垂了下来。因而问钱袋的主人："你是这么放的吗？"回答说："是的。"这时，客人说："我倒有一个办法，可以解开这个疑团。疑团解开了，那么诸位自有公论，我用不着再说谁是谁非。"在座饮酒的客人都说"好"，客人就呵斥跑堂的道："你是侍候客人的，客人丢下物品理应还给客人。现在这位客人有银币 40 枚，你怎么可以匿下 38 枚？客人铜钱 200 多文，为何只有这么点？"跑堂的大叫冤枉。客人说："没办法，我代你偿还了吧！"说罢，就从自己的钱袋中摸出 38 枚银币，200 文铜钱一起放入丢钱人的钱袋中，钱袋胀得鼓鼓的，满得要流出来，几乎装不下了，得用双手方可捧起来。于是笑着对钱袋主人说："满足了你的愿望没有？"这人谦和地答应着，便想把钱取走。客人说："且慢，还不到取走的时候！先生再把钱袋搭在桌下面的横挡上，让大家看看。"钱袋主人拿过钱袋横放在桌下面的横挡上，这时钱袋两头已不再下垂。这位客人说："天下有这样放钱袋的人吗？何况装得这样饱满，一动就会掉下来，有这样放钱的吗？"钱袋主人张口结舌，不能回答。客人对大家说："我刚才说过，公论全在诸位，疑团既然解开了，诸位说，这事该怎么处理呢？"大家都说："先生能看破这事，就一定有办法解决，他若不服，有我们大家。"客人于是对钱袋的主人说："你的钱袋中有 40 枚银币，200 余文铜钱，而且能搭在这桌下面的横挡上，必定是只大钱袋。现在这是只小钱袋。照你所说，把这些银币、铜钱都塞进去，竟然不能搭在桌下面的横挡上。这事大家都看到了。我因此判断这钱袋不是你的，你的钱袋不知丢到哪里去了。请你到别处去找吧！这只钱袋应还给跑堂的。"于是，取回自己的钱，把钱袋连同那 2 枚银币，数十文铜钱交给了跑堂的。大家对此拍手称快，钱袋的主人羞愧

满面，悄悄地溜走了。

钱袋的主人本想诈骗钱财，没想到在客人的严密推论面前反而失掉了钱财。这里，客人在判断时，用的是归谬反驳法。归谬法的反驳过程如下：

被反驳论题：A

证明：先假设 A 真

如果 A 真，那么 B 真（即由 A 可符合逻辑地推出 B）

现在已知 B 假

所以 A 假

具体地讲，先假设钱袋主人所讲的话是真的（即袋内装有 40 枚银币和 200 余文铜钱），那么，按他所说钱袋是搭放在桌下面的横挡上丢失的，现在装上 40 枚银币和 200 余文铜钱应当能够搭在桌下面的横挡上，可事实是当把 40 枚银币和 200 余文铜钱装进钱袋后，"满得要流出来，几乎装不下，很难搭在桌下面的横挡上"，这既不符合情理，也与钱袋主人所讲不符，因此，可断定钱袋主人所讲的话是假的。这样，就使钱袋主人面临两难选择：要么承认所讲钱袋原有的钱根本不存在，是在诈取店里的钱，他将因此而被送官治罪；要么承认所讲钱袋原有的钱是真的，但现在跑堂的所拾到的钱袋不是钱袋主人所遗失的那个，他将因此而失去本属于自己的钱袋。权衡利弊，他自然是选择了后者。

归谬法是一种很有力量的反驳方法，它通过借助假设对方的论题是真实的这一手段，来达到驳倒对方论题的目的。这种"以退为进"方法的特点是：退是手段，进是目的，暂时的退是为了更有力的进。在缺乏直接反驳根据的情况下，运用它就特别有效。

"证明"出错了

1887年，法国发生了一桩公案：

当时法国政府的一些高级官员违犯国法，私自买卖勋章，从中贪污舞弊。法国总统格列威的女婿威尔逊也是其中的一员。有人向法院告发了他。威尔逊向法院出示了一个证件，这份证件的内容是证明他跟此事无关。人们怀疑这个证件是不是真的，但翻来覆去看，看不出有可疑之点。后来，把造证件纸的工厂的技师找来了，技师拿起证件向光亮处一看，就马上肯定说：证件是假的。他说："这份证件用的纸张，是我厂1885年的产品，可是，签署证件的时间却是1884年。"原来，证件纸上有标明年份的水印商标图案。威尔逊的骗局被工厂技师揭穿了。结果，法国内阁和总统格列威无法辩解而丢了丑。

从逻辑上分析，这桩公案中的造纸厂技师运用了一个演绎证明，从而证明了"这个证件是假的"，从而揭穿了威尔逊的骗局。

证明过程是：如果这个证件是真的，那么签署证件的日期应是在1885年以后（因为证件纸是1885年生产的），但是，这份证件签署的日期却是1884年，所以，这个证件是假的。

证明是根据已知的真实判断确定某个判断真实性的思维过程。

证明是由论题、论据和论证方式三个方面组成的。论题是真实性有待证明的判断。论据是用来证明论题真实性的已知判断。论证方式是指用论据证明论题的方式，或是指过程中所运用的推理形式。

证明的种类可以根据不同的标准来划分。根据推理形式不同，可以把证明分为演绎证明、归纳证明和类比证明；根据证明的方法不同，可以把证明分为直接证明和间接证明。

昆剧《十五贯》中，无锡知县过于执，一向是靠"察颜观色，揣摩推测"的"想当然"办案，所以他在审理屠户尤葫芦被凶杀的案件时，当他听说尤葫芦女儿苏戌娟在尤被杀后与熊友兰同行，尤葫芦被杀丢失了15贯，而恰好熊友兰身上也带了15贯钱时，于是就主观推论："看她（指苏戌娟）艳如桃李，岂能无人勾引，年正青春，怎会冷若冰霜？她与奸夫情投意合后，自然要生比翼双飞之念。父亲拦阻，因之杀其父而盗其财，此乃人之常情。这案情就是不问，也已明白十之八九了。"并由此做出结论："熊友兰和苏戌娟一定是通奸谋杀无疑了。"因而大笔一挥："斩"。后来，经苏州知府况钟的调查，证明其结论是完全错误的，违背客观事实的。况钟亲临现场勘查，发现了散落在床后的半贯多铜钱和一副灌了铅的骰子，从物证的职业上发现了杀人犯娄阿鼠，在确凿的证据面前娄阿鼠只好招供了"因赌而盗，因盗杀人"的罪行，使案情真相大白。

无锡知县过于执之所以对案件做出错误的判决其主要原因在于他脱离了客观实际，靠"想当然"办案。在逻辑证明中，"想当然"办案就会犯"预期理由"的错误。所谓"预期理由"指的是证明者只凭个人主观想象，认为他所使用的论据是真实的，理由是可靠的，而实际上这些论据的真实性是未经证明的，这些理由是靠不住的。在这方面，《十五贯》里的过于执就是一个典型。

尤葫芦被杀案发生以后，过于执在传讯众邻人时得知熊友兰和苏戌娟当晚一路同行，而熊身上正带着15贯钱这一情况，他既不去查明这两个人是在什么情况下一路同行的，又不去追究15贯钱的来历，就不分青红皂白，武断地认为："由此可见熊友兰与苏戌娟一定是通奸谋杀无疑的了。"结论在开始审问被告之前就做出了，而且又说得那样的肯定和绝对，这不是"想当然"又是什么？提审苏戌娟时，他刚打个照面，还没开始问话，就进一步确认这是一件"通奸谋杀案"。他说："看她艳如桃李，岂能无人勾引？年正青春，怎会冷若冰霜？

她与奸夫情投意合,自然要生比翼双飞之念。父亲挡阻,因之杀其父而盗其财,此乃人之常情。这案情就是不问,也已明白十之八九了。"

　　这段话,从表面上看似乎是言之成理,持之有故,但实际上只不过是"想当然"的预期理由罢了。过于执的错误在于:第一,他把主观想象当成了客观现实;第二,他把个别情况当成了"人之常情";第三,他把多种可能归结为一种可能性,又把可能性当成了现实性,就是把可能发生的事当成实际上已经发生的事。

　　由于过于执主观地肯定这是一件"通奸谋杀案",因此对苏、熊两个人的申辩就根本听不进去,尽管熊友兰所提供的情况和过于执所认定的证据之间存在着矛盾,他也懒得去核实一下。在刑讯逼供、屈打成招之下,主观想象出来的"通奸谋杀案"就糊里糊涂地定下案了。倘若没有况钟的干预和复审,这两个无辜的青年男女也就成了冤死鬼了。

第七章

判断：一眼识破真假与对错

判断是对思维对象有所断定的思维形式，能够为人们的思维所把握的对象都是思维对象。思维对象可以是有形的，也可以是无形的；可以是物质的，也可以是精神的；可以是存在的，也可以是不存在的。思维对象都具有一定的性质，处于一定的关系之中。判断对思维对象有所断定，就是断定对象具有或不具有某种性质或关系。

他究竟姓什么

李高林到学校去找他的姐姐，门卫问他："你找哪一个？"

"我要找我的姐姐。"李高林回答说。

"你姐姐姓什么？"门卫问道。

"我姐姐当然和我同姓。"李高林急切地说。

"那你姓什么呢？"门卫笑着问。

"你这人真是没完没了！我当然和姐姐一样的姓。"高林听后很不高兴地说。

这则幽默里，李高林先回答"我姐姐和我同姓"，后又回答"我和我姐姐同姓"，这里使用了两个关系判断，但由于该关系判断的两个关系者的姓氏都不知道，换言之，李高林对于他自己和他姐姐的姓氏都没有做出断定，门卫当然搞不清他们姓什么。

那么，什么是判断呢？判断是对思维对象有所断定的思维形式。能够为人们的思维所把握的对象都是思维对象。思维对象可以是有形的，也可以是无形的；可以是物质的，也可以是精神的；可以是存在的，也可以是不存在的。思维对象都具有一定的性质，处于一定的关系之中。判断对思维对象有所断定，就是断定对象具有或不具有某种性质或关系。"所有事物都是发展变化的"和"长江在黄河以南"就是两个判断，前者断定所有"事物"具有"发展变化"这一性质，后者断定"长江"与"黄河"之间存在"以南"的关系。

判断有两个基本特征：

1. 判断有所肯定或有所否定

判断断定对象具有某种性质，就是对对象有所肯定；判断断定对象不具有某种性质，就是对对象有所否定。当对对象既无所肯定，也无所否定，那就不是判断。李高林对他自己和他姐姐的姓氏没有做出肯定的断定，因而没有做出判断。又如，"明天会下雨吗"也不是判断。

2. 判断有真有假

判断是对对象的性质或对象之间关系的断定，因而就存在着这种断定与对象的实际情况是否相符合的问题。判断所做出的断定符合对象的实际情形，该项判断就是真的；否则，就是假的。如"人都是生而知之的"是假的；而"人都是学而知之的"是真的。上面所说的"真"、"假"是从主客体关系角度讨论的认识论意义上的真假。普通逻辑也要讨论真假，但它只研究判断在形式上的真假特征和判断之间在形式上的真假关系。

举例来说，具有"所有 S 都是 S"这种形式的判断都是真的；具有"所有 S 都不是 S"这种形式的判断都是假的；而具有"所有 S 都是 P"和"所有 S 都不是 P"这两种形式的判断是有真有假的。这里说的是判断在形式上的真假特征。又如，普通逻辑要研究当"所有 S 都是 P"为真时，"所有 S 都不是 P"、"有些 S 是 P"、"有些 S 不是 P"的真假情况。这里说的是判断在形式上的真假关系。

巧嘴媒婆促婚姻

从前，有一对大龄男女青年因为各自的生理缺陷耽误了婚姻大事。

这位大男因疾病烂掉了鼻子,而那位小姐则缺了一大块上嘴唇。别看两位有生理缺陷,但找对象的要求却很高,不但要求对方五官端正,而且要长得漂亮或英俊。古时虽然是父母之命、媒妁之言决定青年人的婚姻大事,婚前已定终身的青年无法见面,但结婚后,夫妻总是要见面的。

因此,没有媒婆敢把他和她介绍给别人。随着岁月的流逝,两人都成了大龄青年,双方父母为此伤透了脑筋。一位巧嘴媒婆知道此事后,设了一个圈套,将这对大龄男女撮合成了夫妻。媒婆先跑到那位小姐家,对小姐的父亲说:"你家女儿年龄不小了,再不找对象就难以嫁出去了。我现在给你家小姐物色到了一个小伙子,小伙子什么都好,只是眼下缺些东西。"小姐的父母马上说:"眼下缺些东西没有什么关系,我们有办法解决。我们女儿一嫁过去就把家管起来,我们女儿是管家能手,经她一管,他们家就会慢慢好起来。俗话说,吃不穷穿不穷,没有算计一世穷。他们家穷,很可能是不善理家。"女方家算是同意了这门亲事。

接着,媒婆跑到男方家,对男方父母说:"令郎这么大年龄了还没娶妻,再不抓紧时间找个姑娘,就会打一辈子光棍。我给令郎找了一位姑娘,这姑娘什么都好,只是嘴不好。"男方父母说:"姑娘嘴不好不是大毛病,那一定是她家管教不严,养成了多嘴多舌、好拨弄是非的毛病。嫁到我家后,我们一定严加管束,过不了多久,毛病就会改掉。"男方父母也欣然应允了这门亲事。

为防止双方反悔,媒婆再次前往男、女双方家里,重申了男女各自的不足。在双方再次同意的情况下,让小伙子、姑娘都签字认可。双方在等待中盼到了洞房花烛夜,新郎急于看看新娘的模样,待闹洞房的客人一走,他马上扯开了新娘头上的红头盖。头盖布一扯开,新郎、新娘都看清了对方的尊容,都气得大骂:"该死的媒婆,你不该骗我!"两人气冲冲地离开洞房去质问参加婚礼的媒婆为什么要骗他们。

　　媒婆拿出他们同意结婚立下的字据，反驳说："我没有骗你们，我告诉过男方，姑娘嘴不好，姑娘缺了上嘴唇，就是嘴不好。我也告诉过女方，小伙子眼下缺些东西，小伙子没有鼻子，就是眼下缺些东西。"这时，新郎、新娘才发现上了媒婆的当，只恨自己少了心眼儿，无奈之下，只好将就做了夫妻。

　　这对大龄男女青年之所以上当受骗，是因为媒婆所说的"小伙子眼下缺些东西"和"姑娘嘴不好"都是包含两个判断的语句。前者既可指"小伙子目前经济状况差"，也可指"小伙子眼睛下面的部位缺了一些东西"；后者既可指"姑娘喜欢多嘴多舌、好拨弄是非"，也可指"姑娘的嘴有生理缺陷"。这个笑话表明，为避免上当受骗，应把握语句和判断的关系。

　　判断和语句既有密切联系，又有显著的差别。语句是判断的语言形式、物质承担者，任何判断都要借助语句来表达。判断是语句的思想内容，没有判断，语句无法表达思想内容。判断和语句的区别主要体现在以下几个方面：

1. 判断与语句的形态

　　判断作为思维形式，是精神形态的东西；语句作为语言形式，是物质形态的东西。

2. 有些语句不表达判断

　　任何判断都要用语句表达，但并非任何语句都表达判断。陈述句、特殊疑问句表达判断；一般疑问句、祈使句和感叹句不表达判断。

3. 同一个判断可以用不同的语句表达

　　比如，"所有的事物都是发展变化的"、"没有不发展变化的事物"、"所有事物都不是不发展变化的"等几个语句表达的是同一个判断。在日常语言表达中，用不同的语句表达同一个判断不但可以使文章生动，有时还可以收到意想不到的效果。请看一则《阿凡提圆梦》

的故事：

　　一天晚上，皇帝做了一个怪梦，梦见自己一口整齐的牙齿全部掉光了。皇帝不知这个梦预示着什么，心情无法平静下来。第二天上朝时，他就询问群臣这个梦是吉还是凶。

　　宰相上前奏曰："启奏皇上，这是一个噩梦，它预示您的亲属比你都要死得早。"皇帝听后认为宰相在诅咒他，不由得龙颜大怒，喝令拉下去重打40大板。经宰相这么一解，皇帝被此梦搅得更加烦躁。不几天，阿凡提来到了皇宫，皇帝即刻让他解那个梦。阿凡提说："启奏皇上，这是一个吉祥的梦，它预示着您比您的亲属都要长寿。"皇帝听后龙颜大悦，赏赐了很多金银给阿凡提。

　　宰相和阿凡提圆梦使用的语句虽然不同，但表达的是同一个判断，却获得了不同的效果。这表明，学会用不同语句表达同一个判断很有必要。

4. 同一个语句可以表达不同的判断

　　语句分单义语句和歧义语句两种，单义语句只表达唯一的确定的某个判断，而歧义语句在不同的语言环境中可以表达不同的判断。歧义语句主要表现为两种形式，一是本身就包含不同意义，可以做不同理解。例如："这种狼连狗也不怕"这一语句既可以理解为"这种狼不怕狗"，也可理解为"这种狗不怕狼"。这两个不同的理解实际上表达了两个不同的判断。二是由于对语句的句读不同导致的不同理解。比如，"父在母先亡"就是算命先生捉弄善男信女的语句，这一语句既可句读为："父在，母先亡。"意即母亲比父亲先去世。也可句读为："父在母先亡。"意即父亲比母亲先去世。这两种句读实际上表达了两个不同的判断。这两个不同的判断包括了善男信女父母去世先后的两种可能情况，因而无论出现哪一种可能，算命先生的预言都是有效的。正因为如此，不少人上了当，却还认为算命先生的预测很灵验。巧嘴媒婆就是运用歧义语句使那对大龄青年上当受骗的。

单义语句不会妨害人们有效地交流思想，而歧义语句则往往妨害人们思想的交流。自然语言中有不少歧义语句，而自然语句又是人们日常思维的基本形式和基本工具。因此，为了有效地交流，必须对它们做出整理，即根据语境，排除歧义，准确地把握自然语言语句所实际断定的内容，用恰当的判断加以表达。

大偷谈逻辑

一个大偷对小偷吼道："小偷你给我听着，你没钱花可以告诉我一声，我可以给你一点，但你千不该万不该，不该偷我的。"

小偷缩在墙角里，吓得一句话也不敢说，只是拿眼光偷偷瞟他一眼。大偷见小偷没有说话，更生气了，说："你说话呀，为什么要偷我的？"

小偷怯怯地说："我偷东西难道还论是谁的吗？"

大偷说："呸。你不偷我的，咱俩至少不会在这里说话。如果你不偷我的话，你就不会来这里；如果你不来到这里，那么政府就不知道我贪污了多少钱；政府要是不知道，我照样会在大会上大谈特谈反腐倡廉；我谈反腐倡廉，别人都把我当成清官、好官。"

说到这里，大偷端起桌子上的凉白开，喝了一口，润了润喉咙，继续说道："现在我出事了，官也丢了，家产也查封了，小'蜜'也跑了，昔日那些见我点头哈腰的人没一个来看我的。我现在连死活都不知道，这一切的一切都是你从中捣乱造成的。"

说到这里，大偷还不解气，又说："太多大事都败在你们这种目光短浅、胸无大志，整天就知道小偷小摸的人身上。遇到你，我彻底从天堂堕入地狱。"

大偷的长篇大论，让小偷目瞪口呆，彻底无言了。

大偷的一番话看似充满理由的假设理论彻底把小偷给圈住了。其实，造成他自己最后惨不忍睹局面的只是他自己。俗话说："种什么因，结什么果。"用在这里很恰当，如果他不腐败的话，自然谁也奈何不了他。可是他却把责任全部都归结到了小偷身上，并且还说得滴水不漏，黑脸变白脸的逻辑，实在是令人叹为观止。

学习逻辑学，不仅要主张逻辑的力量，同时也要把假设这个词放到最关键的位置，也可以称作是充分假设条件的逻辑。

对于充分假设的逻辑，可以理解为这些并不能在逻辑上进一步简化其基本概念，以及它的基本假设。也就是说它们并不是理性所能触动的，一切理论的崇高目标，就是在于使这些不能简化的元素尽可能变得简单起来，并且在数目上也能够尽可能的少，同时也不至于放弃了对任何有经验内容的适当表示。

对于一个基本的假设逻辑，是必须同时具有充分以及必要条件上的假设，才成立了一个理论体系的充分假设条件。但是需要强调一点的是，我们既不能确证其为是，也不能确证其为非；一旦确证其为是，或者确证其为非，那么假设也就不成立为假设了，而这个逻辑体系自然也就不能因其而建立完成。

日常生活中，我们常常会用到否定句，比如有人对别人说："你们一家全是白痴。"而那个人的回答是"才怪！"

那人的回答则表示否定他的说法，如果像这样否定他的话，那么又确实代表什么意思呢？是说他的一家人全部不是白痴，还是说他的一家人里面，并非每一个都是白痴呢？

从假设逻辑的观点来看，当我们否定了一句话时，也就表示我们认为那句话是不成立的，但是什么时候"他的一家都是白痴"这件事不成立呢？或者是只要他家有一个人不是白痴就够了。也就是说，要否定"都……"这类需要一网打尽的句子时，只要有一个反倒就足够了。所以无论任何话都不应该说得太满，否则是很容易攻破的。

是否具备了基本逻辑知识就可以理性地进行思考了呢？逻辑学是复杂并且烦琐的，我们不仅需要具备逻辑思维能力，而且还要把它当成一种习惯，一种和吃饭、睡觉一样频繁的习惯。这样才能在判断事情时，自然而然地用逻辑思考。

妻子的假设

其实，可以把逻辑判断归纳为一种能力。但是要知道能力也是可以通俗化地学习以及积累的。认识即可称为是学习，接受也可称为是积累。而假设逻辑就是，要学会细心发现去解读生活，解读人与人之间的相处。久而久之，包罗万象的复杂生活自然就能锻炼你的逻辑思维了。

一天夜晚，妻子关好客厅的吊灯，穿着睡衣走进卧室，丈夫正靠在床头看书。

妻子一边收拾衣物一边说："我常常假设，我要是个男人就好了。"

丈夫将目光转移到妻子身上，问："为什么？"

妻子把叠好的衣物放进橱柜，说："当我走进绸缎店里时，看到许多很好的衣料，然后就想到，我要是男人，一定买给老婆，那样的话，老婆就非常高兴，而我就觉得自己很豪迈啊！"

丈夫一听，嘴里哼唧了好一阵子，没有说出一句话来。

这则例子就带有自造幽默的假设逻辑，妻子心里其实是想得到那些衣料的。可是却用了假设自己是男人会做事情的逻辑去说给丈夫听，由此以假乱真地向丈夫传达了自己心里的真实想法。这种逻辑本身就是一种假设，然而却还是从假设中说出了真实的想法。丈夫的无语自然也是理所应当的。

在日常生活中，有些人不一定都会出现要严谨思考的习惯，因此就喜欢把经验以及情绪都混进去一并考虑，也就是说生活中更多的并不一定是靠逻辑，而是靠经验或者是情绪的考量。

假设刘小姐对郭先生说："如果太阳从西边出来的话，我就一定嫁给你。"那么，她有没有说："如果太阳从东边出来，我是一定不会嫁给你的。"

这就是生活中很标准的一个逻辑问题，从第一句引号里的话里能不能推出第二句引号里面的话呢？如果平常我们不细想的话，就常常会认为如果说太阳从西边出来会嫁的话，那么太阳从东边出来就是不嫁了。

然而符合逻辑的判断却是，第一句引号里面的话，并不能推导出第二句引号里面的话。那么这种问题究竟应该要怎样去判断呢？首先我们需要弄清楚的是，这里说了什么和并没有说什么。刘小姐只是说"如果太阳从西边出来"，却根本没有提到"如果太阳从东边出来"会怎样。所以我们不能自己把它引申出来，而从逻辑的角度来看，若太阳从东边出来时，郭先生也并不是就全然没有机会的。

马克·吐温的声明

美国著名作家马克·吐温在他的长篇小说《镀金时代》出版后，一次酒会上答记者问时说："美国国会中有些议员是狗娘子养的。"记者把这句话在报纸上发表以后，华盛顿的议员们非常恼火，纷纷要求马克·吐温公开道歉或予以澄清,不然的话,他们将以法律手段予以制裁。

过了几天,《纽约时报》上果然刊登了马克·吐温致联邦议员的"道歉启事","启事"是这样写的:

日前鄙人在酒会上发言,说:"美国国会中有些议员是狗娘子养的。"事后有人向我兴师问罪。我考虑再三,觉得此话不妥,而且也不符合事实。故特此登报声明,把我的话修改如下:"美国国会中有些议员不是狗娘子养的。"

在以上小故事中,马克·吐温在酒会上所讲的"有些议员是狗娘子养的"是一个特称肯定判断,它的形式是:"有些S是P",这个判断形式在逻辑上简称为 I 判断,马克·吐温后来在《纽约时报》上所讲的"有些议员不是狗娘子养的"则是一个特称否定判断,它的形式是:"有些S不是P",这个判断形式在逻辑上简称为 O 判断。

那么,马克·吐温的后一个判断是不是否定了前一个判断?它和前一个判断之间有着什么样的真假关系?

这一方面涉及 I 判断与 O 判断之间的真假制约关系,另一方面也涉及人们通常对"有些是"和"有些不是"所做的理解。

在 I 判断与 O 判断之间存在着一种什么样的真假制约关系呢?

我们先看下面一组例子:

某单位有的职工是有大学文凭的。(I)

某单位有的职工不是有大学文凭的。(O)

这两个判断可以同真,但不能同假。就以从 I 判断到 O 判断说,如果 I 真,则 O 真假不定:可能某单位所有职工都是有大学文凭的,而以上这个 I 判断只是断定了其中的部分,这种情况下,"某单位有的职工不是有大学文凭的"就是假的;也可能并不是所有职工都是有大学文凭的,只是其中一部分有,而另一部分没有,这种情况下,"某单位有的职工不是有大学文凭的"就是真的。而如果 I 假,则 O 一定是真的：如果说连有的职工有大学文凭这种情况都不存在，那一定是所有的职工都没有大学文凭，而这种情况下，"某单位有的职工不是有大学文凭的"当然是真的了。

从 O 判断到 I 判断之间的真假关系也与上面 D 的道理相同。

逻辑上，把这种判断之间可以同真而不能同假的关系叫作 F 反对关系。I 判断与 O 判断之间的真假制约关系正是这样一种 F 反对关系。

根据这种关系来看，马克·吐温的前后两个判断是可以同真而不能同假的。既可能两个判断所反映的情况有一种存在，也可能两种情况都存在；但绝不可能连一种情况也不存在。

从另外一方面看，人们日常语言中所讲的"有些是"往往就意味着"有些不是"；而"有些不是"则往往意味着"有些是"。例如，当人们说"有些人是大学毕业的"时，往往意味着"有些人不是大学毕业的"；当人们说"有些人不是大学毕业的"时，往往意味着："有些人是大学毕业的。"按着这种通常的理解，马克·吐温的后一句话不是同时也意味着"有些议员是狗娘子养的"吗？

因此，从最一般的逻辑关系上来分析，马克·吐温的后一句话并没有否定前一句话。再进一步，从人们对"有些不是"的通常理解来看，马克·吐温的后一句话反而是对前一句话的进一步强调，它从另一个侧面，再次声明，还是"有些议员是狗娘子养的"。这样的声明，既诙谐又讽刺，轻蔑中有鞭挞，看上去是道歉实际上还是在痛骂，它充分体现了这位语言大师坚定不移的性格和爱憎分明的立场，而且，通过这样一个声明，他的机智和聪明也一下子跃然纸上了。

察言观色平冤案

　　清苑县有俩分了家各自生活的兄弟，老二所分得的家产很快败光。亏得老大对他一直保持兄弟的情义，时常给他一些接济。老大已50多岁了，只有一个儿子，娶了某氏的女儿为妻。小夫妻间感情很好。

　　一天，老二的妻子因急于应付一笔拖期的债务，到老大家借钱，碰到侄媳妇在厨房做晚饭，她就和侄媳妇拉起了家常。这时，老大的儿子恰好从外面回来，进门就直嚷："饿坏了。"媳妇马上把饭端给他。他刚吃完，突然叫喊肚子疼，倒在地上翻滚起来，七窍流血，不一会儿就死了。媳妇大吃一惊，不知怎么办才好。老二的妻子突然大叫道："侄媳妇谋杀亲夫了，不去报官，怎能查清这件冤案。"当晚就和老大夫妇去官府报案。老二的妻子上堂作证。

　　媳妇被拘捕到案后，酷刑之下便胡乱招认和人通奸，因而谋杀了丈夫，并瞎指杨某为奸夫。杨某是他们家中的表亲，向来语言迟钝，吃上官司，害怕上刑，也就含冤招供。

　　这时恰逢原来在外省任总督的讷尔经额调任直隶总督，他一路察看监狱中在押囚犯，查问判决情况。来到这个县里，怀疑这是一件冤案。过去他常听说邻县的孙县令有"能吏"之称，就发公文借调他来进行复审。孙县令奉命到职后，先审阅有关案卷，这些案卷已累积有一尺厚。被告屡次招供，又屡次翻供，案情原委确实可疑。于是孙县令决定对有关人犯再行审问。

　　孙县令先问那媳妇发案当日的情况，媳妇一一供述了事情的全部经过，就命令把她带走。询问老大夫妇，儿媳平时的行为如何，则回答："待公婆很孝顺，夫妇之间也没有争吵过。"问："她与杨某的奸情究竟有没有?"回答说:"没有看见他们来往,不敢瞎说。"也命令带下去。讯问杨某关于通奸的具体情况,杨某哭得说不成话。再问,才回答:"我如果实说没有奸情,就给我上刑;如果说有奸情,就离死期不远了。真不知道该怎么招供。"问老二夫妇,老二说当天没有看见。老二妻子则说:"这是我当天亲眼看到的。我大伯哥都50多岁了,只有这一个儿子,而现在绝后了,不杀掉这个贱女人,无从叫人们知道她所犯罪行多么严重。"县官命令把老二夫妇俩也带下去,并对众人说:"我已经在十成中得知六七成了。明天再审,定将查明全部案情。"在场的人都不明白他的意思。

  第二天进行复审。提出与本案有关的所有人,排成一列,跪在公堂上。

  县令说:"死者夜里托梦把实情告诉了我。他说:'我的确是中毒而死的。但毒死我的不是我的妻子。'问这人是谁?他只说'毒死我的人,他的右手掌的颜色变青。'"

  县令说着,两眼扫视案前众人。过了一会儿,他又说:"死者又说:'毒死我的人,他的白眼珠将变为黄色。'"说完又用眼睛扫视案前这些人。

  忽然,他拍案向老二的妻子喝道:"杀人的就是你。"

  老二的妻子吃惊,忙说:"那贱女人自己杀死了丈夫,怎么说是我?"

  县令说:"你自己已经承认了,怎么能再抵赖?"

  "我怎么承认的?"老二的妻子问。

  县令说:"我说杀人的右手掌颜色变青,别人都和平常一样,独有你偷看自己的手掌,这是你自己招供啊;我说杀人的白眼珠变黄,别人都不紧张,而你的丈夫急忙回过头来看你的眼睛,这是你丈夫替你招供啊。怎么能再抵赖?"

  老二的妻子脸色顿时大变,但仍继续狡辩。县令说:"再狡辩,

则各种刑具都准备好了,那就请你尝尝它的滋味了。"老二的妻子再也无计可施,只好原原本本地交代了实情:

原来,老二夫妇老早就想侵吞老大的财产,每次去老大家总是怀藏砒霜,准备一有机会就随时投毒。那天碰见侄媳妇在做饭,絮絮叨叨地拉家常时,乘机把砒霜投下了。本想把他们全家毒死,没想到侄儿因肚子饥饿,首先中毒遭受此祸。

人们称孙县令断案如神,而他却说:"我不是神明,我只是根据'四字诀'办案罢了。"问哪四字诀?答道:"察言观色。"

原县令酷刑制造了冤案,孙县令智审避免了冤案。孙县令首先对有关人员进行了讯问,从他们各自的回答中,得知:媳妇孝敬公婆,夫妻关系融洽,断定媳妇投毒缺乏杀人动机;与杨某通奸缺乏证据,是酷刑之下的自诬之辞,基本可以排除媳妇投毒的可能性;老大夫妇和老二都不在现场,没有作案时间,而当时做饭的厨房里只有媳妇和老二的妻子在场,因此老二的妻子应视为重大嫌疑犯。所以孙知县在讯问完后,说"我已经在十成之中得知六七成了"。

在复审中,孙知县是这样判断的:如果不是罪犯,当说投毒的人右手掌变青时,他会和平时一样镇静,只有投毒者才会因心虚而下意识地印证此话。可这时唯独老二妻子急忙偷看自己的手掌,可见她是投毒者。而当说到投毒者的白眼珠会变黄时,唯独她的丈夫急忙回过头来看她的眼睛,则是对"她是投毒者"的又一证明。

你一定没好好学习

人人都会判断,但这种判断并不一定会具有逻辑性。判断需要有前提和结论,这样才符合逻辑的基本组成。当一个人在进行判断的时候，可以在没有任何事实根据的前提下就直接得出结论。而这个结论是否符合事实，就需要经过一番考究。

公共汽车上，一位大约五岁的男孩，透过车窗指着旁边的大楼对爷爷说："真高，真漂亮！"

接着，出现爷爷和孙子的一段对话：

孙子瞪着好奇的眼睛，问道："爷爷，咱们为什么不住在这儿呢？"

爷爷说："等你长大了，要好好念书。只有好好念书，才能住这样漂亮高大的楼房。"

孙子听后，仰着脸看着爷爷，说："你一定没有好好学习。"

孙子的话刚一说完，把车上的人全都逗笑了。

这就是孙子的判断：只有好好学习，才能住上这么漂亮的高楼；而爷爷现在没有住上这样的高楼；所以，结论就是爷爷没有好好学习。如果爷爷小的时候好好学习了，那现在就会住在漂亮的高楼里。爷爷是用自己的经验在告诉孙子，只有好好学习，才能有高楼住，这是一种正确的逻辑；而孙子就根据爷爷没有住在高楼里，就判断爷爷没有好好学习，这是一种不正确的逻辑。爷爷说的是一个必要条件的假言判断，孙子又用这种假言判断进行了再次的判断，所以得出的结论也是错误的。

有一次，英国作家柯南·道尔在巴黎叫了一辆出租马车。他先把旅行包扔进了车里，然后爬了上去。但还没有等他开口，赶车人就说："柯南·道尔先生，您上哪儿去？"

"你认识我？"他有点诧异地问。

"不，从来没有见过。"车夫答。

"那么你怎么知道我是柯南·道尔呢？"他更加不解地问。

"是这样，"车夫说，"我在报纸上看到你在法国南部度假的消息，看到你是从马赛开来的一列火车上下来；我注意到你的皮肤黝黑，这说明你在阳光充足的地方至少待了一个多星期；我从你右手指上的墨水渍来推断，你肯定是一个作家；另外你还具有外科医生那种敏锐的目光并穿着英国式样的服装。我认为你肯定就是柯南·道尔！"

他大吃一惊："既然你能从所有这些细微的观察中认出我来，那么你自己和福尔摩斯也不相上下了。"

"还有，"车夫说，"还有一个小小的事实。"

"什么事实？"

"旅行包上写有你的名字。"

对于车夫来说，如果没有看到报纸上的消息，单单从坐车人的外貌和穿着上很难判断他就是柯南·道尔。因为对于任何一个人来说，都可能会有这样的装扮，车夫只是根据自己看到的进行推理。最重要的一点是柯南·道尔的大名就摆在那里，如果再看不出来，这个车夫就太没有眼力了。

不诚实的老头

从前，有一个年轻人要出远门。他和邻居老头平时关系处得很好，经常一起下棋、聊天。出门前，他不想带太多的钱，为了安全，他把自己的2000元钱寄存在老头那儿。老头拍胸脯请小伙子放心，等他回来，钱将一分不少地归还给他。年轻人办完事从远方返回后，需要用钱，于是去找老头想要回这笔钱。哪知老头翻脸不认账，硬说年轻人讹诈他，年轻人根本没有将钱放在他那儿。年轻人很生气，就到法院告状，想要讨回自己的钱，法官受理了此案，并派人给老头送去了传票。开庭之日，法官问老头究竟拿过钱没有？

老头在法庭上连哭带闹，矢口否认。法官又问年轻人有没有证人？

年轻人回答说当时走得匆忙,又相信老头,所以没有其他人在场。法官又问他在哪里把钱交给这个老头的呢?年轻人回答说在老头家附近的一棵大榕树底下。法官说:"那就好办了,你现在就到大树那里去,就说我传它到法庭问话。"年轻人看看法官,发愁地问:"法官大人,我对大树说,它也听不懂啊?"法官说:"你可以和工作人员一起把我的传票带去,吓唬吓唬它,它就会来了。"年轻人只好和工作人员一起带着传票朝大树走去。那个老头觉得法官太笨了,年轻人的钱看来是讹定了,暗暗地偷着乐。

法官和老头在法庭上等他们回来,大约过了半个小时,法官看了看太阳,问老头他们走到大树跟前了吗?老头回答说:"还没到呢。"又过了一个小时,法官又说:"年轻人他们现在该在回来的路上了吧?"老头说:"应该往回走了。"过了一会儿,年轻人果然回来了。不过他愁眉苦脸地说:"法官大人,大树不跟我来呀,我拿您发的传票吓唬它也没用,大树还是待在那里啊,工作人员可以作证!"

法官笑着说:"诚实的年轻人,你不用着急,现在我可以判决了,这个老头不诚实,他一定要赔钱给你的。"

请问法官为什么说老头不诚实,并判决他必须还钱呢?实际上法官是用试探的方法来进行判断的。判断的过程如下:年轻人说在一棵大树下把钱交给老头。如果这话是假的,那么,老头应该不会知道什么地方会有这样的一棵大树。这样,当法官问老头"他们走到大树跟前了吗?"和"他们返回了吗"的问题时,老头应该回答说"我不知道"。然而,老头知道这棵树在哪里,可见年轻人说的话是真的。因此,可以判断出这个老头是不诚实的。

我现在知道什么是牛奶了

两个人走进饭店，其中的一个是盲人。

没有瞎的那个人问道："你想喝一杯牛奶吗？"

盲人问："什么是牛奶？"

"是一种白色的液体。"

瞎子想了想说："好的。那么，什么是白色的呢？"

没瞎的那个人看了看四周后，向外望去，然后说："例如，天鹅就是白色的。"

盲人又问："天鹅是什么东西呢？"

"天鹅是一种鸟。就是那种脖子又弯又长的鸟。"

"弯是什么意思呢？"

没瞎的人把胳膊伸到盲人面前，说："我把我的胳膊弯起来，你摸摸，就知道什么是弯了。"

盲人认真地摸了摸对方的胳膊，兴奋地说："我知道牛奶是什么了。"

牛奶是什么样的，在盲人的"眼中"至少已经有了大概的模型。从摸到那人的胳膊之后，他便做出了结论。以盲人的判断来看：他摸到那人的胳膊，就知道什么是弯了；知道什么是弯，就意味着知道天鹅是什么样子了；知道天鹅是什么样子，就知道什么是白色；知道什么是白色了，就知道牛奶是什么了。这是一种错误的判断，首先从一开始就不对，一错再错，形成了错误四连环。所以那人说了那么多，根本就是在对牛弹琴，又或者说牛在对盲人弹琴。最后，盲人所说的"知道什么是牛奶了"，恐怕也会和现实中的牛奶有千差万别。

盲人最后判断得出的结论，虽然有事实作为根据，但由于盲人看不见，在判断过程中，难免会产生一点点的差别。随着差别的增多，与现实的差距就会拉大，所得出的结论想要符合现实也就变成一种不可能。

所以，在日常生活中，要想对某件事或某个物体做出正确的判断，必须建立在头脑清晰、思维缜密的基础上，不要因为某某像什么或某某是什么，做出草率的判断，而是要根据实际情况，做出合理、科学的推理，力求使自己的判断接近现实，只有这样，判断才能准确、真实。

搓澡工的精准判断

在一个公共浴池里，警察和搓澡工进行下列对话：

搓澡工一边搓澡一边问："大哥，你是做什么的？"

警察没有直接回答，反问道："你认为我是做什么的？"

搓澡工说："能不能给大致的范围？"

警察说："公务员。"

搓澡工说："哦，那我知道了，你是一位人民警察。"

警察有些奇怪，问道："你是怎么知道的？"

搓澡工说："我发现你身上青一块紫一块的，现在社会上流氓多，公务员中只有警察身上才会出现这种情况。并且你的伤多集中在四肢上，面积小，分布的地方多，前后都有，大多是瘀伤。形成这种瘀伤，不是被他人打的，就是自己主动弄伤的。我听说，现在的公务员中，只有警察还在刻苦'练兵'。这几天有不少警察来这里泡澡解乏，所以我认为你的警察。"

警察对搓澡工的判断比较满意，问："你知道我在公安局里做什么吗？"

搓澡工说："你的工作是在基层派出所里。"

警察说："凭什么说我在派出所工作？"

搓澡工说："你的手、脚都有一定的茧子，说明你每天都得干一定的体力活儿。手脚有茧子应该是方向盘、巡逻、走访时磨的。茧子和肌肉的发达程度不一致，说明手脚使用的频率要高于其他部位。"

警察说："既然你判断出我在派出所工作，那你知道我具体是做什么工作的吗？"

搓澡工笑笑，说："你不是普通的民警。"

"为什么这么说？"

搓澡工说："普通的民警都是白天来，都是借口下社区偷偷跑来的。他们一般也就简单地冲一冲，很少有搓澡的。即便需要搓澡，一般也都是先坐在床上，等到搓澡工过来后再躺下。有职务的，通常情况下，都是晚上来。因为总洗澡，不怎么泡，就直接躺在搓澡床上闭目养神。"

警察说："根据你上面的判断，说明我是所长？"

搓澡工微微摇了一下头，说："你是副所长。"

警察问："为什么？"

搓澡工说："很简单，手比脚的茧子厚。"

警察说："这又能说明什么问题呢？"

搓澡工说："说明你带头干活，但开车的时间比巡逻的时间长。"

警察问："那所长又有什么明显特征呢？"

搓澡工说："所长的面部肌肉比较发达，因为天天需要开会汇报，真的也说，假的也说，好的也说，坏的也说。由于长期滔滔不绝地说，就把面部的肌肉练出来了。"

警察说："你刚才的判断是错的。一个月前我的确是副所长，现在是教导员。你能猜出我以前是干什么的吗?"

搓澡工说:"你以前是刑警队的。"

警察有些惊讶,问:"你是怎么判断出来的?"

搓澡工说:"刑警队的人想套感兴趣的话题,基本上会给我钱,派出所的就是拿嘴'干拉',看来你的老传统没有丢。"

警察说:"你知道我以前在刑警队里干什么吗?"

搓澡工说:"你是探长。"

警察问:"为什么?"

搓澡工说:"通常情况下,探长洗澡时,手机不会存在衣物柜中,而是直接带入浴室。"

警察有些不解,说:"很多警察都把手机带到浴室中呀。"

搓澡工说:"你说的不错。所长、队长在泡澡的过程中,基本上会接两到三个电话,而你一个也没有,但还是拿了进来,不为别的,总觉得有人会给你打电话。"

警察说:"你的分析有道理,那我在当探长以前,是做什么的呢?"

搓澡工说:"就是一个一般的警察,哪有刚当警察就挂长儿的呢。"

警察问:"在我当警察之前,是做什么的呢?"

搓澡工回答得很干脆,说:"搓澡工。"

警察显得有些惊诧,说:"开玩笑,你有什么根据?"

搓澡工说:"还是手脚,一般人手脚有茧子就不会出汗,你的汗腺发达得能把汗水从茧子中顶出来,不是长期天天在高温下锻炼,汗腺不会这么发达。"说到这里,搓澡工又补充道:"并且还是在国营的澡堂子里面当搓澡工。"

警察问:"为什么?"

搓澡工说:"因为吃大锅饭,你的搓澡技术没有练出来,我今天给你搓澡'偷工减料'了，你都没有发现。"

先不说搓澡工的猜测是对还是错，首先一点就是不得不佩服搓澡工的观察能力和判断能力，简直可以和福尔摩斯相媲美了。搓澡工是如何看出那人是警察的，最主要的就是对手脚的观察，然后根据警察说的话进行判断。在搓澡工看来，身上带伤的公务员只有警察，而且伤痕的位置也与一般人有所区别；其次，普通警察和有职务的警察到澡堂洗澡时的表现也不一样；最后是关键的，警察以前竟然也是搓澡的。从搓澡工每一步的推理来看，都是与事实相符的，所以每走一步就离现实近一些，最后得出的结论也是与现实契合。

说多了会出现失误

一天傍晚，交警在一条新开通的隧道出口处，迎接第1000辆汽车，他的目的是代表市政府给驾驶员送1000元钱和一枚纪念章。

当第1000辆汽车到来，按照程序交警把钱和纪念章给司机后，顺便问了一句："你有幸得到这1000元钱，你打算怎么使用呢？"

司机脱口而出，说："我打算用它领取一个驾驶执照。"

坐在司机一旁的太太忙打圆场说："警官，我的丈夫喝醉酒后，总喜欢胡言乱语，甭听他的，我们拿这1000元钱打算……"

太太的话还没说完，坐在后排的，耳聋的妈妈大声说道："儿子，现在出事了吧。我早就说过，偷来的车跑不了多远，就会被交警抓住的。"

以上小故事中，那位司机本不愿意说自己是无照驾车，但他的话却隐含了这一判断；他太太本来还想为他开脱，不想此话又隐含了另一个她也不愿意表达的判断，即她的丈夫是酒后开车；她的妈妈本来是想责备儿子两句，但她的话却又隐含了一个警察本来并不知道的判断，即汽车是偷来的。显然，这三个隐含判断都是出于说话者在表达上的失误引出的。这三个隐含判断加在一起，那位驾车人显然不仅要接受罚款，而且还会被送进监狱，本来可以到手的1000元钱，由于他们的表达失误而化为泡影了。

人们在交际过程中所使用的自然语言是极为丰富复杂的，在特定的语境之下，一个语句的背后往往隐含着许多潜台词，所谓隐含判断就是由这些潜台词所形成的判断。我们经常所讲的听话听音，锣鼓听声，话里有话，弦外有声都是对隐含判断所做的生动说明。

隐含判断，有的是属于表达者有意利用一些比较含蓄的语句来表达的；有的则是属于表达者在无意中表达出来的。前者属于一种表达艺术，后者则往往是表达上的一种失误。

从有意使用含蓄语句表达隐含判断这一点来讲，宋代词人姜夔曾说过这样的话："语贵含蓄。东坡云言有尽而意无穷者，天下之至言也……若句中无余字，篇中无长语，非善之善者也。句中有余味，篇中有余意，善之善者也。"（《白石道人诗说》）

《三国演义》第七十九回中说，曹丕即王位之后，想加害他的弟弟曹植，命曹植应声作诗一首，要求是要以他与曹植兄弟为题，但诗中不许出现"兄弟"字样。曹植即口说道：

煮豆燃豆萁，豆在釜中泣。

本是同根生，相煎何太急！

曹丕听后，不由潸然泪下。

这里，曹植这首诗就是用非常含蓄感人的语句表达了他想要表达的隐含判断。从语句表面意义看，这首诗讲的是豆与豆萁相煎的关系，而实际上要表达的却是兄弟相残关系。

从表达失误这一点来讲，古人曾反复讲过不要以辞害意。在一个语句中无意地隐含了一个错误的或自己本不愿意表达的判断，这就属于以辞害意。

从一个语句的语表和语里来看，隐含判断属于语句的语里，而语句表面意义上的判断，则属于语句的语表。语里隐含在语表的背后，它们都是由同一个语句表达出来的。正因为如此，隐含判断仍然属于一个语句所表达的判断而并不是推理所得出的结论。推理结论的得出，需要借助于某些前提和依据于一定的推理规则，而隐含判断则只需通过隐含它的那个语句，依赖于一定的语境，就可以被揭示出来。

完全相反

甲说："每当我喝了咖啡，就很长时间不能入睡。"

乙说："而我正好完全相反，当我睡着了就一点也不喝咖啡了。"

"完全相反"，按照符合逻辑的思维去解释，应该是"并不是每当我喝了咖啡，就很长时间不能入睡。"它等值于"我虽然喝了咖啡，但并不是很长时间不能入睡"。因此，当乙说了"我正好完全相反"之后，接下来应该说的是："我虽然喝了咖啡，但并不是很长时间不能入睡。"或者应该说："我虽然喝了咖啡，但很快就能入睡。"

然而乙的解释却完全出乎于人们的意料，是说睡着了一点也不喝。这样的解释当然是非常可笑的。

"并不是每当我喝了咖啡，就很长时间不能入睡"在逻辑上叫作负判断。

所谓负判断就是对某一判断否定之后形成的判断，这种判断的一般形式是"并非P"，其中"并非"为负判断的连接词，"P"表示被否定的原判断。"并非P"也可用符号表示为"－P"。

在日常语言表达中，"并非P"也可以表达为："并不是P"、"P

是假的"等等。

负判断可以是对肯定判断的否定，也可以是对否定判断的否定。可以是对一个简单判断的否定；也可以是对一个复合判断的否定。原判断不论是肯定判断还是否定判断；不论是简单判断还是复合判断，它们都是负判断的肢判断。例如：

（1）所有年轻人都是有远大理想的（原判断）。并非所有年轻人都是有远大理想的（负判断）。

（2）如果哈雷彗星出现，就有灾难（原判断）。并非如果哈雷彗星出现，就有灾难（负判断）。

以上例（1）就是一个简单判断的负判断，例（2）就是一个复合判断的负判断。

一个负判断与它所否定的原判断之间的关系是真假完全相反的矛盾关系。原判断真，则负判断假；原判断假，则负判断真。

根据原判断与负判断的关系，上面小品中乙所讲的"完全相反"应该指的是甲的判断的负判断，而不是别的什么。

任何负判断，都有相应的等值判断。例如：

"并非所有年轻人都是有远大理想的"等值于"有的年轻人不是有远大理想的"。

"并非如果哈雷彗星出现，就有灾难"等值于"哈雷彗星虽然出现，但并没有灾难"。

"并非 P"这个负判断的含义也就是说"P 是假的"。而一个判断是假的，必然会有另外一个与它真假值完全相同的判断。比如"如果 P 则 q"是假的，那就是说"P 并且不 q"，"P 或者 q"是假的，那就是说"既不是 P，也不是 q"，"并且 q"是假的，那就是说"或者非 P，或者非 q"。

正因为如此，"并非每当我喝了咖啡，就会长时间不能入睡"等值于"我虽然喝了咖啡，但很快就能入睡"。显然乙所讲的"完全相反"，完全违背了逻辑。

甲与乙哪个不符合逻辑

曾有甲、乙两位中学生就甲能否在来年的高考中考上大学进行了激烈的争论。

甲：我明年一定能考上大学。

乙：你这话不对。

甲：你是说我明年考不上大学啊？

乙：你这话也不对。

甲：你这人说话不合逻辑。

乙：你说话才不合逻辑呢。

上述对话中甲、乙两人相互指责对方说话不合逻辑，究竟谁的说法不合逻辑呢？当然是甲的说法不合逻辑。姑且不论甲的第二、第三句犯了推不出的逻辑错误，他的第一句话就是很不恰当的。从两人争论的话语中可知，考大学是将来的事，尚未成为事实。因此，即使甲有考取大学的极大可能，但也仅仅是一种可能。恰当的说法是，"我明年可能考取大学"或"我明年很可能考取大学"。"我明年可能考取大学"是一个模态判断，它对甲来年能否考取大学做了准确的刻画。

什么是模态判断呢？模态判断就是断定事物情况的必然性或可能性的判断。"新生事物必然战胜旧事物"，"次要矛盾可能发展为主要矛盾"就是两个模态判断，由于"必然"、"可能"在逻辑上称为模态词，因此，模态判断就是包含模态词的判断。

模态判断包括或然模态判断和必然模态判断。或然模态判断是指含有"可能"这个模态词的模态判断，或然模态判断由或然肯定判断和或然否定判断构成。

或然肯定判断是对事物情况的可能性做了肯定断定的或然模态判断，如："明天可能会下雨"、"我明年可能考上大学"。这种判断的逻辑形式为：可能 P。

或然否定判断是对事物情况的可能性做了否定断定的或然模态判断，"明天他可能不值班"，"今晚学校可能不放电影"。这类判断的逻辑形式为：可能非 P。

必然否定判断是对事物情况的必然性做了肯定断定的必然模态判断，如"所有事物都必然发展变化"、"多行不义必自毙"。这类判断的逻辑形式为：必然 P。

必然否定判断是对事物情况的必然性做了否定断定的必然模态判断，如："人们的认识必然不会停留在一个水平上"、"邪恶势力必然不会自行消亡"。这类判断的逻辑形式为：必然非 P。

上述四种模态判断在真假方面也存在制约关系，这种真假制约关系与同素材的 A、E、I、O 四个性质判断性质之间的真假制约关系是一致的。

必然 P 与必然非 P 之间的关系：反对关系。反对关系的逻辑特征是：必然 P 与必然非 P 两个判断中，当一个为真时，另一个一定为假；而当一个为假时，另一个可真可假。概括地说，必然 P 与必然非 P 不可同真，可以同假。也就是说，这两个判断中至少有一个是假的。